AUSSAATTAGE 2024

W0407537

MIT PFLANZ-, HACK- UND ERNTEZEITEN SOWIE GÜNSTIGEN ARBEITSTAGEN FÜR DIE BIENENHALTUNG 2024

AUS DER KONSTELLATIONSFORSCHUNG
ERARBEITET UND ZUSAMMENGESTELLT
VON TITIA THUN UND FRIEDRICH K. W. THUN

NACH MARIA THUN

Herausgabe:

Titia Thun und Friedrich K. W. Thun

ISBN 978-3-928636-77-3

© Aussaattage-Verlag Thun & Thun OHG
D-35216 Biedenkopf/Lahn, Rainfeldstraße 16

Printed in Germany

Jahrgang 62

Herstellung: Friedrich-Druck GmbH, 35581 Wetzlar

Alle Rechte vorbehalten

Schriftliche sowie elektronische Verarbeitung und Weitergabe, auch auszugsweise, ist nicht gestattet.

Aus dem Inhalt	**Seite**
Titelbild	4
Walter Thun, Belladonna, Öl auf Holz, 1981, 75 x 96 cm	5
Einleitung	6
Teeanwendungen	7
Mond in Erdferne – Ag	8 - 9
Einleitung für neue Leser der „Maria Thun®-Aussaattage“	10 - 12
Saatzeiten für Bäume und Sträucher	12
Der Tierkreis. Die Trigone	13
Der siderische Mond	14
Zuordnungen der Pflanzen für Aussaat, Pflege und Ernte. Ungünstige Zeiten	15
Zum Verständnis des Kalendariums, Astronomische Zeichen	16
Der aufsteigende und der absteigende Mond und die Pflanzzeit	17
Aussaattage Januar 2024 mit Monatsbetrachtung	18 - 19
Aussaattage Februar 2024 mit Monatsbetrachtung	20 - 21
Aussaattage März 2024 mit Monatsbetrachtung	22 - 23
Aussaattage April 2024 mit Monatsbetrachtung	24 - 25
Aussaattage Mai 2024 mit Monatsbetrachtung	26 - 27
Aussaattage Juni 2024 mit Monatsbetrachtung	28 - 29
Aussaattage Juli 2024 mit Monatsbetrachtung	30 - 31
Aussaattage August 2024 mit Monatsbetrachtung	32 - 33
Aussaattage September 2024 mit Monatsbetrachtung	34 - 35
Aussaattage Oktober 2024 mit Monatsbetrachtung	36 - 37
Aussaattage November 2024 mit Monatsbetrachtung	38 - 39
Aussaattage Dezember 2024 mit Monatsbetrachtung	40 - 41
Roggenbrotherstellung, Pilzbefall an der Pflanze	42
Günstige Erntezeiten für die Präparatepflanzen	42
Die Pflege der Bienen	43
Die Einfütterung der Bienen	44
Teeanwendungen, Fortsetzung von Seite 7	44 - 50
Weitere Teeanwendungen und Unkrautjauche	51 - 52
Ausklang	53
Walter Thun, Fingerhut, Öl auf Holz, 1980, 50 x 75 cm	54
Walter Thun, Königskerze, Öl auf Holz, 1984, 75 x 99 cm	55
Fingerhut, Belladonna und Königskerze, ein Bildvergleich	56 - 57
Fällzeit für besondere Hölzer 2024	59 - 60
Zuordnung zu den Fruchtungsgruppen	61
Literaturhinweise, Literaturempfehlungen, Bezugsquellen	62

Belladonna

Walter Thun

Die Belladonna von Walter Thun ist eins seiner bekannteren Gemälde. Es wurde mit Öl auf Holz gemalt und hingegen der allgemeinen Annahme wurde es niemals fertiggestellt. Man sieht es nur, wenn man weiß, wonach man suchen muss. Die Hände sind noch etwas rau und an einigen kleinen Stellen fehlt noch der letzte Schliff, um die elegante Feinsinnigkeit, die dieses Bild davon abgesehen erfasst, kohärent zu machen.

Der Grund, weshalb Walter Thun dieses Bild nie fertiggestellt hat, ist ein Gespräch, das er mit Maria Thun geführt hat. Walter Thun hat seine Bilder nur selten gezeigt, bevor er vollends mit ihnen zufrieden war. Als er dieses Bild nun seiner Frau zeigte und sie nach ihrer Meinung fragte, merkte sie an, eine der Hände sähe noch etwas seltsam aus. Das traf den Künstler wohl härter, da er es daraufhin beiseite legte. Trotzdem war es ein Bild, das Maria Thun selbst sehr liebte. Es hing über viele Jahre in ihrem Arbeitszimmer. Ich selbst habe dieses Bild auch bereits als Kind sehr bewundert. Es war das erste Bild, das ich mir als Druck ausgesucht und in mein Zimmer gehängt habe.

Die Belladonna muss eins der schönsten Bilder Walter Thuns sein. Sie vereint Formen fließend und vermittelt, trotz der Vielfalt an Themen und Kontrasten, Ruhe. Wohin der Blick auf diesem Bild auch wandert, er fährt immer wieder zurück zu dem sanften, aber bestimmten Blick der zentralen Figur. Dabei geschieht in dem Bild sehr viel. Im Vordergrund wächst die Tollkirsche, aus starken Ästen sprießen dunkle, gesunde Blätter, gespickt von den charakteristischen Früchten der Pflanze. Einige Blüten zeigen sich hier und da und an der Spitze der Pflanze, wo die rechten und linken Äste wieder zusammenführen und die zentrale Figur einrahmen, gehen Blüten und Blätter so ineinander über, dass kaum zu sagen ist, um was es sich noch handelt. Hinter den Ästen und als Teil der Pflanze, wacht die Figur im Mittelgrund: Eine junge Frau, in feine Stoffe gekleidet wie in weite Blütenblätter. Ein Duft, ein Glanz, eine Aura, wie aus Blütenstaub, geht von ihr aus und strahlt in einem hellen, zarten Gelb um die Pflanze herum. Hinter ihr wallen grüne Wolken auf, die sich von ihrem lilafarbenen Gewand in sanftem Kontrast abheben. In der hintersten Ebene erstreckt sich schließlich die Sonne über der Belladonna, den Mond, aus Sicht des Betrachters, zu ihrer Rechten, die Sterne zu ihrer Linken. In einem sanften, wärmeren Gelb rahmt die Sonne die Belladonna schließlich ein letztes Mal ein und rundet das Bild ab; so scheint es zumindest. Gleichermaßen öffnet die Sonne das Bild jedoch auch nach oben, da sie selbst in ihrer Größe über den Rahmen hinaus ragt.

Obschon die Belladonna, im Volksmund auch Tollkirsche genannt, weithin als Giftpflanze bekannt ist und auch die grünen Wolken im Hintergrund daran erinnern, strahlt das Bild Friedfertigkeit und Vollendung aus. Es hält eine feine Balance zwischen Leben und Ewigkeit, in der Farbgebung repräsentiert durch Grün und Lila.

Die Abbildung auf Seite 5 steht als Reproduktion in der Größe 40x50 cm zur Verfügung.

Walter Thun, Belladonna, Öl auf Holz, 1981, 75 x 96 cm

Einleitung

Das zentrale Thema, um das wir die Aussaattage dieses Jahr gestaltet haben, ist eine Versuchsreihe, die Maria Thun von 1994 bis 1997 durchgeführt hat. In diesen Versuchen widmete sie sich der Frage, welche Effekte Teebehandlungen auf das Pflanzenwachstum haben. Ihre Ergebnisse waren sehr vielfältig und werden von uns in diesen Aussaattagen ausführlich besprochen. Dieser Thematik weiter folgend gehen wir auch auf Pflanzenjauchen ein, und beschäftigen uns etwas mit den einzelnen Pflanzen, die Maria Thun für ihre Tees ausgewählt hat. Einige der Texte dieser Aussaattage sind alte Texte von Maria Thun, teils aus inzwischen vergriffenen Büchern. Abschließend werden wir uns noch einmal mit Bildern von Walter Thun beschäftigen.

Die Erarbeitung der Aussaattage dieses Jahr war zum ersten Mal, seit wir diese Arbeit übernommen haben, etwas besinnlicher. Einige der Arbeitsschritte sind uns inzwischen vertrauter und erlauben einen freieren Umgang mit dem Wissen, das wir uns Jahr für Jahr aneignen.

Zudem möchten wir uns bei unserer Leserschaft bedanken. Wir haben seit 2020 zunehmend kleine Änderungen am Kalender vorgenommen, haben AG-Blüte eingeführt, begonnen die Bilder von Walter Thun weiter in den Fokus zu setzen und zuletzt sogar den Preis erhöht, um mit den steigenden Kosten mithalten zu können. Auch wenn wir fast ausschließlich positive Erfahrungen mit unserer Leserschaft gemacht haben, war uns sehr bewusst damit womöglich auf zweifelnde Blicke zu stoßen. Die Reaktionen, die uns jedoch entgegen gebracht wurden, waren voller Liebe und Unterstützung. Insbesondere die Bilder unseres Großvaters sind uns ein Herzensprojekt. In dem Versuch sie weiter mit der Welt zu teilen, auf derart liebevoll geöffnete Arme zu stoßen, erwärmt unser Herz zutiefst. Vielen Dank.

Teeanwendungen

Aufgüsse, zum Beispiel aus Brennnesseln, sind für den Menschen außerordentlich gesund, man kann die Wirkkraft dieser wunderbaren Kräuter jedoch auch für seinen Garten nutzen. Weitgehend bekannt ist die Anwendung von Brennnesseltee, Brennnesseljauche oder auch dem 24-Stunden-Auszug, auf die wir später noch genauer eingehen werden. Maria Thun setzte sich, in einer von 1994 bis 1997 andauernden Versuchsreihe jedoch auch mit Schafgarbe, Kamille, Löwenzahn, Baldrian, Eichenrinde und Ackerschachtelhalm auseinander. Ihr waren diese Art von Teebehandlungen bereits aus ihrer Kindheit weitestgehend vertraut, ihre Versuchsreihe überraschte sie jedoch über alle Maßen, da sie nicht mit derart deutlichen Reaktionen gerechnet hatte. In diesem Kapitel werden wir auf diese Pflanzen einzeln eingehen, wir werden die Forschungsergebnisse von Maria Thun besprechen, die Anwendung erläutern und auch andere Nutzungen der Pflanze thematisieren.
Zuvor sei jedoch gesagt, dass die positiven Ergebnisse der Teeanwendungen trotzdem kaum mit dem Effekt von Hornmist und Hornkiesel zu vergleichen waren. Wir empfehlen daher nicht Tees anstelle dieser Präparate anzuwenden. Die Tees sind jedoch eine ausgezeichnete und sehr lohnenswerte Ergänzung.

Brennnessel

Die Kleine (Urtica urens) und Große (Urtica dioica) Brennnessel ist weit verbreitet und auf so gut wie jedem Boden zu finden, bevorzugt jedoch besonders stickstoffhaltigen, also zum Beispiel frisch gedüngten Boden. Fast überall auf der Welt, von einigen tropischen oder arktischen Regionen abgesehen, findet man unterschiedliche Brennnesseln.

Die Anwendung

Zur Herstellung des Tees sammelt man einige der Pflanzen (es sollten zehn Pflanzen von jeweils etwa 30 cm Länge sein, oder eine Masse, die dem entspricht) und gibt sie im Ganzen, oder wenig zerkleinert, in einen Topf. Anschließend wird die Brennnessel mit vier Litern kaltem Wasser übergossen und in dem Topf kurz zum Kochen gebracht. Nachdem alles einmal aufgekocht ist, nehme man den Topf vom Herd und lasse alles für 15 Minuten ziehen.
Anschließend kann die Brennnessel abgesiebt werden, dafür kann ein sehr feines Sieb oder ein Tuch genutzt werden. Der Tee kann nun auf 10 Liter mit Wasser aufgefüllt und damit weiter verdünnt werden.
10 Liter reichen aus, um eine Fläche von 1/4 Hektar zu behandeln. Die Anwendung erfolgt durch eine Spritzung (feindunst) direkt auf die Blätter der Pflanze. Bei kleineren Flächen kann das Rezept entsprechend umgerechnet werden.

Fortsetzung auf Seite 45

Mond in Erdferne – Ag

Die Entfernung des Mondes zur Erde wird von uns traditionell durch Pg (Perigäum, Erdnähe) und Ag (Apogäum, Erdferne) angegeben. Beides hat einen massiven Effekt auf das Pflanzenwachstum. Erdnähe wurde bei uns immer als eine gestrichene Zeit gekennzeichnet, Erdferne als eine Blütezeit. Nun machen wir den Unterschied zwischen einer echten Blütezeit (durch den Mond in einem der lichten Sternbilder oder ein Lichttrigon) und einer Ag-Blütezeit auch im Kalendarium deutlich.

Der Einfluss des Mondes auf die Pflanze zeigt sich einmal durch das Sternbild, in dem er steht und das über ihn auf die Pflanze wirken kann, zusätzlich jedoch auch durch die eigene Bewegung des Mondes. Der Mond bewegt sich in einer elliptischen Laufbahn um die Erde auf sie zu und wieder von ihr weg. Ist er der Erde am nächsten, wirkt er auf die Pflanze wie eine Kraft, die sie nach unten drängt. Der Fokus der Pflanze liegt ganz in der Wurzel, sie wird bildlich gesprochen in die Knie gezwungen. In den Versuchen von Maria Thun hat sich daher auf das Pflanzenwachstum eine sehr hemmende Wirkung gezeigt, weshalb diese Zeiten in unserem Kalender als gestrichen markiert sind. Aussaaten, die zu dieser Zeit gemacht werden, die das Streben zum Licht brauchen, keimen unter diesem Einfluss schlecht. Die Pflanzen werden sehr gestaucht, wollen nicht aufgehen und haben zunehmend mit Pilz- und Schädlingsbefall zu kämpfen. Pflanzen, die bei Erdnähe bearbeitet werden, neigen vermehrt dazu, keimunfähige Samen zu produzieren.

Bewegt sich der Mond wieder in seiner Laufbahn von der Erde weg, löst sich auch dieser Effekt auf die Pflanze wieder. Die Wirkung kehrt sich auf gewisse Weise um, wenn der Mond die Erdferne erreicht. So weit von der Erde entfernt zieht der Mond die Pflanzen bildlich gesprochen mit sich hoch. Für Samenpflanzen kann das günstig sein. Die meisten Wurzel- und Blattpflanzen reagieren jedoch sehr negativ auf Saaten oder Bearbeitungen zu dieser Zeit, eine Ausnahme zeigt sich in der Kartoffel.

Was die Erdferne in den Pflanzen auslöst, die Art, auf die die Erdferne auf Pflanzen wirkt, ähnelt Blütezeiten. Die Pflanze strebt nach oben, sie verhält sich ähnlich einer Pflanze, die in einem Lichtbild bearbeitet oder gesät wurde, es ist jedoch nicht das Gleiche. Die Wirkung eines Lichtbildes auf die Pflanze ist eine Verstärkung. Die Pflanze wird dazu angehalten eine kräftige und vitale Blüte zu entwickeln, die lange anhält. Wurzel- und Blattwerk sowie die Samenbildung werden jedoch nicht unterdrückt, sie werden lediglich nicht auf diese Weise unterstützt. Das Streben der Pflanze gilt der Blüte. Anders bei dem Einfluss vom Mond in Erdferne. Von außen betrachtet mag der erste Effekt der Gleiche sein, jedoch mit grundlegenden Unterschieden.

Für ein gesundes Wachstum sind bei jeder Pflanze, ganz gleich wo der Fokus der Pflanze liegt, Wurzeln, Blätter, Blüten und Früchte wichtig. Auch das Kraut der Kartoffel muss wachsen können, der Salat braucht eine Wurzel, der Apfelbaum muss blühen und die Rose ihre Hagebutten ausbilden. Selbst in eine Richtung hin durch den Mond in einem bestimmten Sternbild, oder durch ein Trigon, unterstützt, ergibt sich ein harmonisches Zusammenspiel all dessen. Der Effekt von Erdferne oder Erdnähe des Mondes bedient diese Harmonie nicht. Der Mond befindet sich zu diesen Zeiten in einem Extrem. Er streckt oder drängt die Pflanze und beeinflusst sie einseitig. Das ist für keine Pflanze optimal. In Erdferne, Ag, wirkt er auf Blüte und Frucht jedoch am wenigsten negativ.

Im Kalendarium sind die Ag-Zeiten aus genau diesem Grund, wenn nicht ohnehin durch ein Sternbild Wärme- oder Lichtkräfte wirken, als blütenähnliche Tage angegeben. Die negative Wirkung, die Ag hat, bezieht sich vor allem auf Wurzel und Blatt, weshalb entsprechende Pflanzen an diesen Tagen nicht bearbeitet werden sollten. Durch die Ähnlichkeit zu lichten Einflüssen eignen sich diese Tage noch am besten für Arbeiten mit Blütenpflanzen. Der Schaden ist in diesen Fällen am geringsten. Optimal und in jedem Fall empfehlenswert ist die Bearbeitung von Blütenpflanzen jedoch an echten Blütetagen, an denen der Mond in Zwilling, Waage oder Wassermann steht oder ein Lichttrigon wirkt. Für Arbeiten, bei denen es gezielt um den Impuls eines Lichtbildes geht, wie etwa beim Umgang mit Ölpflanzen, wird Erdferne keinen Ersatz für eine echte Blütezeit bieten.

Ölpflanzen wie die Sonnenblume sollten zu echten Blütezeiten gesät und gepflegt werden, um auf eine hohe Ölqualität hinzuarbeiten.

Einleitung für neue Leser der „Maria Thun® Aussaattage"

Seit nunmehr 70 Jahren machen wir Versuche in der Fragestellung der Wirkung kosmischer Rhythmen und Konstellationen in der Landwirtschaft, Gärtnerei und in spezieller Weise auch im Leben der Bienen.

Die Ergebnisse dieser Forschung geben die Grundlage für die Empfehlungen in den jährlich erscheinenden „Maria Thun® Aussaattagen". Da wir nicht alle neuen Erkenntnisse in dieser kleinen Schrift bringen können, haben wir verschiedene Bücher geschrieben, mit denen wir den Leser auf den Seiten 63/64 bekannt machen.

Über wichtige Schritte innerhalb dieser langen Zeit wollen wir sie kurz informieren. Ausführlich finden Sie die Ergebnisse in den erwähnten Schriften beschrieben.

Bei Radiesaussaaten, die im Frühjahr 1952 über zehn Tage hinweg vorgenommen wurden, fand ich erhebliche Unterschiede im Wachstum der Pflanzen. Das regte mich an, unter gleichen Bedingungen über viele Wochen hinweg Radieschen auszusäen.

Da ich die Unterschiede nicht erklären konnte und den im Wachstum wirkenden Impuls nicht kannte, setzte ich die Arbeit im nächsten Jahr fort. Ich vermutete, dass die Unterschiede durch kosmische Rhythmen hervorgerufen wurden. So begann ich, mich mit Astronomie zu befassen.

Nach einigen Jahren wusste ich, dass die Unterschiede dann entstanden, wenn ich Bodenbearbeitung und Aussaat am gleichen Tag machte. Wenn ich ein großes Beet von etwa zehn Metern Länge saatfertig hatte und über Wochen täglich eine Reihe Radiessamen hineinlegte, waren die Unterschiede bei den Pflanzen weit kleiner, als wenn ich täglich den Boden neu bearbeitete und dann säte.

Die Blätter zeigten beachtliche Unterschiede in der Form. Wenn ich aber in Trockenzeiten die Pflanzen bewässerte, waren alle Blätter, die neu wuchsen, einheitlich. Das waren zwei grundlegende Erfahrungen, die zu berücksichtigen waren, wenn ich zu den Ursachen der Ergebnisse vordringen wollte.

Nach neun Jahren konnte ich die ersten Ergebnisse veröffentlichen. Inzwischen wusste ich Folgendes: Wenn ich den Boden spatentief bearbeitete, wurden kosmische Impulse im Boden aktiviert, die von den Samen aufgegriffen wurden und in der Gestaltung der Pflanze zum Ausdruck kamen. Sie gingen aus von den Sternbildern des Tierkreises und wurden vom Mond auf die Erde vermittelt. Er benutzte die klassischen Elemente Erde, Wasser, Luft/Licht und Wärme für seine Wirksamkeit. Da aber diese Elemente ihren Ursprung in den Sternbildern des Tierkreises haben, können bei Vorbeigang des Mondes an den entsprechenden Sternbildern über den Zeitpunkt der Aussaat unterschiedliche Impulse in der Pflanze zur Wirksamkeit kommen.

Im Laufe der Jahre fanden wir neue kosmische Wirksamkeiten. Sie gingen von den Wandelsternen, also den Planeten aus und differenzierten ebenfalls das Pflanzenwachstum.

Nun gab es neben den für die Pflanze günstigen kosmischen Impulsen auch ungünstige Saatzeiten. Als Folge traten während des Wachstums Schädlinge auf oder die Pflanzen entwickelten Samen, die nicht keimfähig waren.

Auch erkannten wir, dass das Spritzen der biologisch-dynamischen Präparate nur unter günstigen kosmischen Bedingungen das Wachstum der Pflanzen förderte, zu ungünstigen Zeiten angewandt aber hemmend und qualitätsmindernd wirkte.

So stellen wir in den „Maria Thun® Aussaattagen" die Empfehlungen für die Aussaat, die Pflege und Hackarbeiten, sowie die Präparateanwendung und Ernte in die günstigen Gesetzmäßigkeiten des kosmischen Umkreises und können dann mit guten Erträgen und bester Nahrungsqualität der Pflanzen rechnen.

Was sind Oppositionen, Trigone oder Konjunktionen?
Die Opposition ☍

Während geozentrischer Oppositionen steht der Betrachter auf der Erde und im kosmischen Umkreis stehen sich zwei Planeten in einem Winkel von 180° gegenüber. Sie schauen sich an, ihr Blick durchdringt sich. Ihre Strahlen fallen auf die Erde und regen die Samen, die jetzt gesät werden, zu besserem Wachstum an. Bei den Versuchen haben wir von diesen Aussaaten besonders hohe Erträge mit bester Qualität.

Zu heliozentrischen Oppositionen müsste der Betrachter eigentlich auf der Sonne stehen, aber da dies nicht möglich ist, muss versucht werden, ein Verständnis dafür zu finden. Jetzt ist die Sonne Mittelpunkt und in ihrem Umkreis stehen zwei Planeten in einem Winkel von 180°. Sie schauen sich ebenfalls an. Ihre Strahlungen werden aber auch von der Erde und der Pflanzenwelt wahrgenommen und befeuern die Pflanzen zu besserem Wachstum.

In der Opposition wirken immer zwei Sternbilder des Tierkreises positiv mit. Steht dabei ein Planet vor einem Wärmebild, ist der andere vor einem Lichtbild oder umgekehrt. Steht der eine Planet vor einem wässrigen Bild, befindet sich der andere vor einem Bild des Erdenelementes. In der Wetterbildung registrieren wir ein „Hoch", das auch die Menschen positiv beeinflusst.

Das Trigon ▲

Im Trigon haben wir die Stellung von zwei Planeten in einem Winkel von 120°. Zwei Planeten stehen vor dem gleichen Kräftetrigon, aber vor unterschiedlichen Sternbildern, zum Beispiel vor Widder und Löwe. Beides sind Wärmesternbilder. Wir haben ein Wärmetrigon, das bei Pflanzen, die an diesem Tag gesät werden, eine gesteigerte Wirkung der Frucht- und Samenbildung erzeugt.

Stehen zwei Planeten vor wässrigen Sternbildern im Trigon, wird das wässrige Element gesteigert. Dies ergibt meist höhere Niederschläge. Die Pflanzen, die wir dann säen, bringen höhere Blatterträge als die von den Nachbartagen. Diese Trigonwirkungen können das Wachstum der Pflanzen verändern.

Konjunktionen und Konjunktionshäufungen ☌

In der Konjunktion oder bei Konjunktionshäufungen stehen zwei oder mehrere Planeten hintereinander in der Richtung zum Weltall. Meist kommt dann nur der, welcher der Erde am nächsten steht, mit seinen Kräften auf der Erde und für die Pflanzenwelt zur Wirksamkeit. Ist er in seiner Kräftewirkung stärker als der siderische Mond dieses Tages, gibt es kosmische Unstimmigkeiten, die die Pflanze irritieren und sich in Wachstumshemmungen auswirken. Die nachteilige Wirkung wird noch gesteigert, wenn der Mond oder ein Planet den anderen bedeckt, dann sprechen wir von einer Finsternis (☌). Diese Aussaatzeit behindert das reguläre spätere Wachstum der Pflanze und schädigt ihre Regenerationskraft.

Saatzeiten für Bäume und Sträucher 2024

03.07.	Aprikose, Erle, Lärche, Pfirsich, Ulme
12.07.	Birke, Birne, Lärche, Linde, Mirabellane, Mirabelle, Robinie, Weide
28.08.	Birke, Birne, Lärche, Linde, Magnolie, Mirabellane, Mirabelle, Robinie, Weide
08.09.	Buche, Eberesche, Esche, Fichte, Hainbuche, Hasel, Kiefer, Mirabellane, Mirabelle, Palme, Quitte, Tanne, Thuja, Wacholder, Weißdorn, Zeder, Zwetschge
21.09.	Eberesche, Esche, Fichte, Hasel, Mirabellane, Mirabelle, Tanne, Zeder
30.10.	Aprikose, Erle, Flieder, Lärche, Pappel, Pfirsich, Salweide, Schneeball, Schwarze Johannisbeere, Ulme
03.11.	Ahorn, Apfel, Aprikose, Birke, Birne, Blutbuche, Eibe, Eiche, Kastanie, Kirsche, Kirschlorbeer, Lärche, Linde, Marone, Mirabellane, Mirabelle, Olive, Pfirsich, Reneklode, Robinie, Rotbuche, Walnuss, Weide
17.11.	Eberesche, Esche, Fichte, Hasel, Mirabellane, Mirabelle, Schwarze Johannisbeere, Tanne, Zeder
18.11.	Ahorn, Apfel, Aprikose, Blutbuche, Erle, Lärche, Marone, Olive, Pfirsich, Reneklode, Rotbuche, Ulme, Walnuss
04.12.	Ahorn, Apfel, Aprikose, Blutbuche, Erle, Lärche, Marone, Olive, Pfirsich, Reneklode, Rotbuche, Ulme, Walnuss
07.12.	Ahorn, Apfel, Aprikose, Blutbuche, Eberesche, Esche, Fichte, Hasel, Marone, Mirabellane, Mirabelle, Olive, Pfirsich, Reneklode, Rotbuche, Tanne, Walnuss, Zeder
27.12.	Ahorn, Apfel, Aprikose, Blutbuche, Erle, Lärche, Marone, Olive, Pfirsich, Reneklode, Rotbuche, Ulme, Walnuss

Bei den hier angegebenen Zeiten handelt es sich um Saatzeiten, also das Auslegen von Samen der Bäume oder Sträucher, nicht um das Auspflanzen schon vorhandener Pflanzen. Für nicht genannte Bäume und Sträucher gibt es in diesem Jahr keine besonderen Saatzeiten. Hier kann man den Fruchtungstyp des Baumes oder Strauches berücksichtigen und zu den entsprechenden Mond-Tierkreis-Zeiten aussäen.

Der Tierkreis

Walter Thun

Diese Abbildung zeigt im äußeren Kreis die Abmessungen der am Himmel sichtbaren Sternbilder mit dem jeweiligen Übergang der Sonne vor das nächste Sternbild. Die Übergänge schwanken zum Teil, hervorgerufen durch die Schalttage, um einen Tag. Der innere Kreis hat die alte 30°-Einteilung in zwölf gleiche Abschnitte aus der Astrologie.

Der Tierkreis ist das Sternbildband, vor dem der Mond und alle Wandelsterne ihre Bahnen ziehen. Im Vorbeigang werden Kräfte angeregt, die auf der Erde eine Auswirkung zeigen.

Die Trigone

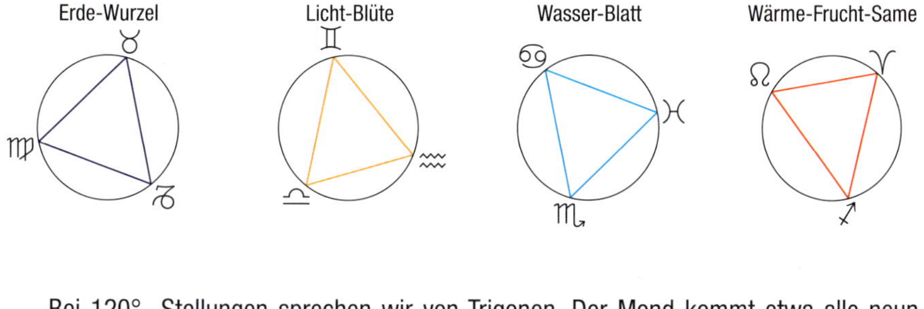

Bei 120°- Stellungen sprechen wir von Trigonen. Der Mond kommt etwa alle neun Tage vor ein gleiches Kräftetrigon, so regen wir über Hackarbeiten oder Kieselspritzungen, die wir im Trigonrhythmus durchführen, den Impuls des Saattages neu an.

Der siderische Mond

Der Mond zieht bei seinem 27-tägigen Umlauf um die Erde an den zwölf Regionen des Tierkreises vorbei und vermittelt Kräfte auf die Erde, die sich über die klassischen Elemente auswirken. Sie bewirken in der Pflanze Fruchtung in vier verschiedenen Organbereichen. Durch den Zeitpunkt von Aussaat, Pflegearbeiten und Ernte können wir Wachstum und Gesundheit der Pflanze fördern.

In verwandter Weise wirken diese Kräfte im Bienenvolk. Das Bienenvolk schließt sich in Korb oder Kasten nach außen ab, indem es mit Kittharz alles abdichtet. Öffnen wir nun die Bienenbehausung, um Pflegemaßnahmen durchzuführen, entsteht im Bienenvolk ein gewisses „Durcheinander". In diese Unruhe hinein kann ein neuer kosmischer Impuls wirken, wegweisend für die Bienen bis zur nächsten Pflegearbeit.

Fassen wir die Gesetzmäßigkeiten, wie sie sich uns bei den Pflanzenversuchen, in der Bienenpflege und in der Wetterbeobachtung ergaben, in einem Schema zusammen:

Sternbild	Zeichen	Element	Kleinklima	Pflanze	Biene
Fische	♓	Wasser	wässrig	Blatt	Honigpflege
Widder	♈	Wärme	warm	Frucht	Nektartracht
Stier	♉	Erde	kühl/kalt	Wurzelfr.	Wabenbau
Zwillinge	♊	Licht	luftig/hell	Blüte	Pollentracht
Krebs	♋	Wasser	wässrig	Blatt	Honigpflege
Löwe	♌	Wärme	warm	Frucht	Nektartracht
Jungfrau	♍	Erde	kühl/kalt	Wurzelfr.	Wabenbau
Waage	♎	Licht	luftig/hell	Blüte	Pollentracht
Skorpion	♏	Wasser	wässrig	Blatt	Honigpflege
Schütze	♐	Wärme	warm	Frucht	Nektartracht
Steinbock	♑	Erde	kühl/kalt	Wurzelfr.	Wabenbau
Wassermann	♒	Licht	luftig/hell	Blüte	Pollentracht

Die Einzelimpulse schwanken zwischen zwei und vier Tagen. Dieses Grundgerüst wird zuweilen unterbrochen. So können z.B. Planetenoppositionen einzelne Tage durch verändernde Impulse überlagern oder Trigonstellungen ein anderes Element aktivieren, als es der Mond an diesem Tag vermittelt. Auch Tage, an denen der Mond die Ekliptik auf- oder absteigend schneidet (☊☋), bringen meist negative Wirkungen, die noch gesteigert werden, wenn zwei Wandler sich an den Schnittpunkten ihrer Bahnen, die Knoten genannt werden, treffen. In solchen Fällen entstehen Finsternisse oder Bedeckungen, wobei von dem erdnäheren Wandler die Wirkung des erdferneren unterbrochen oder verändert wird. Solche Zeiten sind ungeeignet für Saat und Ernte.

Zuordnungen der Pflanzen für Aussaat, Pflege und Ernte

Die Kulturpflanze lebt sich dar, indem sie einzelne Organe zur Frucht entwickelt. Wir können sie nach unseren Versuchserfahrungen in vier Gruppen einteilen.

Wurzelfrüchte zu Wurzeltagen

Fruchtbildung im Wurzelbereich finden wir bei Radieschen, Rettich, Kohlrübe, Zuckerrübe, Rote Bete, Sellerie, Möhre, Schwarzwurzel udgl. Auch Kartoffeln und Zwiebeln sind hier einzuordnen. Diese Tage bringen gute Erträge und beste Lagerqualität des Erntegutes.

Blattpflanzen zu Blatttagen

Fruchtbildung im Blattbereich haben wir bei fast allen Kohlarten, bei Salaten, Spinat, Rapunzel, Endivien, Petersilie, bei Blattkräutern und Futterpflanzen. Der Spargel gedeiht am besten bei Blatttagepflanzung und -pflege. Die Blatttage sind für Aussaat und Pflege dieser Pflanzen günstig, jedoch nicht für die Ernte von Lagerfrüchten und Tees. Für diese, wie auch die Ernte von Kohl für Sauerkrautherstellung, sind die Blüten- und Fruchttage vorzuziehen.

Blütenpflanzen zu Blütentagen

Diese Tage sind günstig für Aussaat und Pflege von allen Blütenpflanzen, aber auch zum Hacken und der Kieselanwendung bei Ölfrüchten wie Lein, Raps, Sonnenblume udgl. Wenn man Blumen für die Vase an Blütentagen schneidet, ist der Duft am intensivsten, sie bleiben lange frisch und die Restpflanzen bringen viele neue Seitentriebe. Trockenblumen, an Blütentagen geerntet, behalten die volle Leuchtkraft der Farben, von anderen Erntetagen verblassen sie bald. Ölfrüchte erntet man am vorteilhaftesten an Blütentagen. Auch Brokkoli hat sich für die Blütentage entschieden.

Fruchtpflanzen zu Fruchttagen

Zu dieser Kategorie gehören alle Pflanzen, die im Bereich des Samens fruchten, wie Bohne, Erbse, Linse, Soja, Mais, Tomate, Gurke, Kürbis, Zucchini udgl. wie auch Getreide für Sommer- und Winteranbau, die Aussaat von Ölfrüchten bringt dann die besten Samenerträge. Die beste Ölausbeute haben wir bei Pflegearbeiten an Blütentagen. Für den Anbau von Saatgut sind die Löwetage ♌ besonders gut geeignet. Fruchtpflanzen erntet man am besten an Fruchttagen, sie fördern die Lagerqualität und unterstützen die Regenerationskraft. Für Lagerobst wähle man zusätzlich die Zeit des aufsteigenden ◡ Mondes.

Ungünstige Zeiten

Ungünstige Zeiten, hervorgerufen durch Finsternisse, Knotenstellungen von Mond oder Planeten sowie negativ wirkende Konstellationen, sind im Kalendarium ausgelassen ----. Wenn man aus Zeitgründen gezwungen ist, an ungünstigen Tagen zu säen, kann man für die Hackarbeiten günstige Tage wählen und damit gute Verbesserungen erreichen.

Ebenfalls eher ungünstig wirkt Ag (Mond in Erdferne). Saaten oder Bearbeitungen von Blütenpflanzen sind von den negativen Auswirkungen durch Ag jedoch am wenigsten beeinträchtigt.

Zum Verständnis des Kalendariums

Immer wieder bekommen wir Anfragen, weil die Leser mit den Aufzeichnungen der Monatsseiten Schwierigkeiten haben. In den meisten Fällen wird nach den Zahlen gefragt. Dabei handelt es sich fast immer um die Tagesstunden. Bitte lesen Sie den Abschnitt „Zum Verständnis des Kalendarium" aufmerksam durch. Dort finden Sie Antworten auf solche Fragen.

Neben Datum und Wochentag ist das Sternbild benannt, vor das der Mond an diesem Tag geht, mit zusätzlicher Angabe der Tagesstunde. Er bleibt vor diesem Sternbild, bis ein neues Sternbild auftritt.

In den nächsten zwei Spalten sind Konstellationen eingetragen, die z.T. für das Pflanzenwachstum von Bedeutung sind.

In der folgenden Spalte ist vor allem für den Imker vermerkt, welches Element heute vom ☾ vermittelt wird. Wärmewirkungen bei Gewitterneigung sind nicht unter den Elementen genannt, sondern nur mit dem Zeichen ϟ angeführt.

In der kommenden Spalte ist das Fruchtorgan benannt, das über Aussaat und Pflegearbeiten an diesem Tage unterstützt wird und die genauen Stundenangaben. Ist hinter dem Fruchtorgan keine Stundenangabe, so wirkt es sich über den ganzen Tag aus.

Auf der äußersten Spalte rechts sind Neigungen zu Naturereignissen oder auch Wettererwartungen erwähnt, die die Großwetterlage stören und unterbrechen.

Wenn am gleichen Tag verschiedene Elemente angegeben sind, die dem Mondstand nicht entsprechen, handelt es sich nicht um Druckfehler, sondern um andere kosmische Konstellationen, die den Mond-Tierkreisimpuls überdecken und verändern und somit ein anderes Pflanzenorgan begünstigen.

Die Tagesstunden sind nach mitteleuropäischer Zeit (MEZ) angegeben und können in anderen Erdteilen auf die „Ortszeit" umgerechnet werden.

Die „SOMMERZEIT" ist berücksichtigt worden. Man muss nicht mehr 1 Stunde hinzurechnen.

Astronomische Zeichen / Sonstige Zeichen

Sternbilder	Planeten		Sonstige Zeichen
♓ Fische	☉ Sonne	Vollmond	St Sturmneigung
♈ Widder	♁ Erde	Neumond	ϟ Gewitterneigung
♉ Stier	♀ Venus	☊ aufsteig. Knoten	E Erdbebenneigung
♊ Zwillinge	☿ Merkur	☋ absteig. Knoten	K verkehrskritisch
♋ Krebs	♂ Mars	⌒ Mond absteig.	V Vulkanneigung
♌ Löwe	♃ Jupiter	◡ Mond aufsteig.	
♍ Jungfrau	♄ Saturn	Pg Erdnähe	
♎ Waage	♅ Uranus	Ag Erdferne	
♏ Skorpion	♆ Neptun	• Finsternis	
♐ Schütze	♇ Pluto	• Finsternis	Pflanzzeit – Pflanzzeit
♑ Steinbock	☍ Opposition	▲ Trigon	
♒ Wassermann	☌ Konjunktion	R Rückläufig	

Der aufsteigende Mond

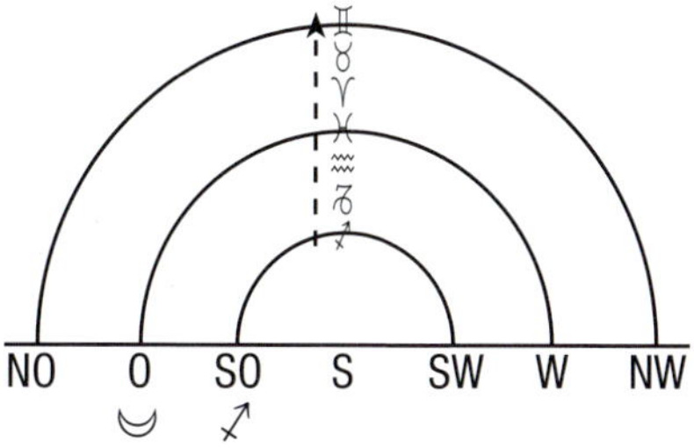

Der absteigende Mond

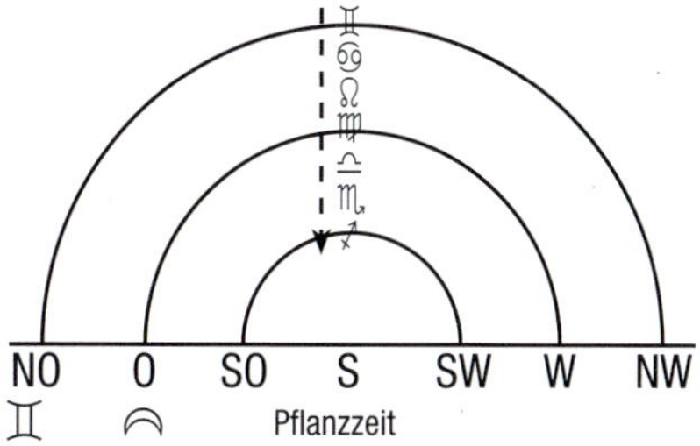

Ist der Mond an der Tiefststellung seiner Bahn vor der Sternbildregion Schütze angekommen, wird er aufsteigend. Er beschreibt täglich einen etwas größeren Bogen am Himmel. Seine Aufgangsorte verschieben sich in Richtung Nordosten und seine Untergangsorte Richtung Nordwesten. Er sollte nicht verwechselt werden mit dem zunehmenden Mond.

Während des aufsteigenden Mondes ist der Saftanstieg in den Pflanzen stärker. Die Pflanze ist in ihren oberen Teilen saft- und krafterfüllt. Die Zeit ist günstig für den Schnitt von Veredlungsreisern, auch hier kann man den Effekt steigern, wenn man bei Fruchtpflanzen zusätzlich die in diesem Zeitraum liegenden Fruchttage benutzt, bei Blütenpflanzen die entsprechenden Blütentage. Das Gleiche gilt für die Tage der Veredlungs- und Pfropfarbeiten. Während dieser Zeit geerntetes Obst bleibt im Lager länger frisch und saftig. Die Zeit ist auch geeignet zum Schlagen der Weihnachtsbäume, sie halten die Nadeln lange, der Duft ist am intensivsten vom Schnitt an Blütentagen.

Wenn der Mond am Höchstpunkt seiner monatlichen Bahn vor der Sternbildregion Zwillinge angekommen ist, wird er absteigend (⌒). Seine Bögen werden am Südhimmel täglich niedriger, die Aufgangsorte verschieben sich nach Südosten und die Untergangsorte nach Südwesten.

Auf der südlichen Erdhälfte sind die Verhältnisse umgekehrt (⌒◡).

Unter Aussaat verstehen wir immer den Zeitpunkt, an dem wir den Samen in den Boden geben. Bringen wir dagegen Pflanzen von einem Standort zum anderen, sprechen wir vom Umpflanzen. Dies trifft zu, wenn Jungpflanzen vom geschützten Saatbeet an den endgültigen Platz ihres Wachstums gebracht werden, aber auch, wenn der Gärtner junge Pflänzchen zur Kräftigung der Wurzelentwicklung vielleicht sogar mehrmals verpflanzt, wie auch bei Obst-, Hecken- und Topfpflanzungen. Hier wählen wir den Zeitraum des absteigenden Mondes, der nicht verwechselt werden sollte mit den Lichtphasen des abnehmenden Mondes.

Während der Pflanzzeit wurzeln die Pflanzen gut und verbinden sich schnell mit dem neuen Standort. Man kann diesen Impuls für die einzelne Pflanzenart noch steigern, indem man aus dem Zeitraum der Pflanzzeit für Blattpflanzen die entsprechenden Blatttage (Krebs oder Skorpion), für Wurzelfrüchte wie Sellerie die Wurzeltage (Jungfrau), für Gurke oder Tomate die Fruchttage (Löwe) wählt, so hat man zu dem Bewurzelungsimpuls hinzu noch eine Förderung des Fruchtungstypes erreicht.

In diesem Zeitraum ist der Saftanstieg in den Pflanzen gering, deshalb ist er für Baum- und Heckenschnitt, zum Schlagen von Nutzholz, wie auch zum Düngen der Wiesen, Weiden und Obstanlagen zu empfehlen.

Aussaattage Januar 2024

Dat.	☾ v. Sternb.	Konstellat.		Element ☾	Fruchtorganimpuls durch ☾ oder Planeten	Neigung
1. Woche						
1. Mo	♌	☉–♐ Ag16		Wärme	Frucht	St
2. Di	♍ 14			Wä/Er	Frucht - 13, ab 14 Wurzel	
3. Mi	♍			Erde	Wurzel	
4. Do	♍	☋20		Erde	Wurzel - 15 -----------	K E
5. Fr	♍			Erde	Wurzel ab 0	
6. Sa	♎ 9			Er/Li	Wurzel - 8, ab 9 Blüte	V
2. Woche						
7. So	♏ 19			Li/Wa	Blüte - 18, ab 19 Blatt	
8. Mo	♏			Wasser	Blatt	St
9. Di	♏			Wa/Wä	Blatt - 13, ab 14 Frucht	E ♄ St
10. Mi	♐ 1	◡8	▲	Wärme	Frucht, bes. günstig 1 - 4 #Pflanzzeit Ende 7	V
11. Do	♐	●13		Wärme	Frucht	
12. Fr	♑ 3		▲	Wä/Er	Frucht bis 15, ab 16 - 23 Wurzel	
13. Sa	♑	Pg12		Erde	------------------	
3. Woche						
14. So	♒ 0			Er/Li	Blüte ab 1	
15. Mo	♓ 17	♆☌		Li/Wa	Blüte - 16, 17 - 18 Blatt ------	
16. Di	♓			Wasser	Blatt ab 1	
17. Mi	♓	☊15		Wasser	Blatt - 10 ------ ab 19 Blatt	K
18. Do	♈ 9			Wa/Wä	Blatt - 8, ab 9 Frucht	V
19. Fr	♈	☉–♑	▲	Wärme	Frucht, 0 - 14 besonders günstig	E ♄ St
20. Sa	♉ 4			Wä/Er	Frucht - 3, ab 4 Wurzel	
4. Woche						
21. So	♉			Erde	Wurzel	
22. Mo	♊ 23			Erde	Wurzel bis 8 -------------	
23. Di	♊	◠5 ☿☋		Licht	-------------- ab 22 Blüte *Pflanzzeit Beginn 6	
24. Mi	♊			Licht	Blüte	
25. Do	♋ 5	○19		Li/Wa	Blüte - 4, ab 5 Blatt	K E
26. Fr	♌ 22			Wa/Wä	Blatt - 21, ab 22 Frucht	
27. Sa	♌			Wärme	Frucht	St
5. Woche						
28. So	♌		▲	Wärme	Frucht, ab 11 besonders günstig	
29. Mo	♍ 21	Ag9	▲	Wä/Er	Frucht, 0 - 8 besonders günstig	
30. Di	♍		▲	Erde	Frucht - 4 ab 5 Wurzel	St
31. Mi	♍	☋21		Erde	Wurzel - 16 ----------	V E

Pflanzzeit

Die Tierkreissymbole beziehen sich auf die sichtbaren astronomischen Sternbilder, nicht auf die astrologischen Sternzeichen (siehe S. 13)

Merkur	Venus	Mars	Jupiter	Saturn	Uranus	Neptun	Pluto
♏R	♏	♏	♈R	♒	♈R	♓	♑
2. ♏	22. ♐	3. ♐	2. ♈		26. ♈		
13. ♐							

Notizen:

1. ___
2. ___
3. ___
4. ___
5. ___
6. ___
7. ___
8. ___
9. ___
10. ___
11. ___
12. ___
13. ___
14. ___
15. ___
16. ___
17. ___
18. ___
19. ___
20. ___
21. ___
22. ___
23. ___
24. ___
25. ___
26. ___
27. ___
28. ___
29. ___
30. ___
31. ___

Monatsbetrachtung Januar 2024

Das Jahr beginnt feucht. Merkur, Venus und Mars sind die Planeten, deren Einfluss wir am direktesten auf der Erde erfassen können und jeder einzelne von ihnen beginnt das Jahr vor dem Skorpion. Der ohnehin wässrige Neptun zieht seine langsamen Bahnen vor den Fischen und unterstützt den feuchten Jahresbeginn so noch. Im Laufe des Monats wandern Merkur, Venus und Mars jedoch vor den wärmenden Schützen und bewegen sich so in ähnlich warme Gefilde wie Jupiter und Uranus vor dem Widder. Kalt scheint dieses Jahr somit nicht zu starten.

Pflanzzeit: 1.1., 0 Uhr bis 10.1., 7 Uhr und ab 23.1., 6 Uhr.

Diese Zeit ist auch geeignet für **Obstbaum-, Wein- und Heckenschnitt**, dabei für Fruchtpflanzen die Blüten- und Fruchttage bevorzugen.

Pflanzzeit südliche Erde: 10.1., 9 Uhr bis 23.1., 4 Uhr.

Blatt-Samen-Ernte südl. Erde: 16.1., 1 Uhr bis 17.1., 10 Uhr.
Frucht-Samen-Ernte südl. Erde: 18.1., 9 Uhr bis 20.1., 3 Uhr.
Wurzel-Samen-Ernte südl. Erde: 20.1., 4 Uhr bis 21.1., 24 Uhr.
Blüten-Samen-Ernte südl. Erde: 14.1., 1 Uhr bis 15.1., 16 Uhr.

------ Zeiten auslassen.
Schneckenregulierung: 25.1., 5 Uhr bis 26.1., 21 Uhr

Für Biodynamiker, Herstellung der vegetabilischen Präparate nach Maria Thun®: Konstellationen zu denen die vegetabilen Kompostpräparate in den Boden gegeben (bzw. aufgehängt) werden können (Schafgabe, Kamille, Eichenringe, Löwenzahn), finden sich dieses Jahr ab August.

Der Veraschungstermin für Gefieder und Felle rotblütiger Tiere: 20.1., 4 Uhr bis 21.1., 24 Uhr. Dann muss die Veraschung abgeschlossen sein. Einen weiteren Termin finden Sie im Oktober (Seite 37).

Aussaattage Februar 2024

Dat.	☾ v. Sternb.	Konstellat.	Element ☾	Fruchtorganimpuls durch ☾ oder Planeten	Neigung
1. Do	♍	☉–♑	Erde	Wurzel	
2. Fr	♎ 17		Er/Li	Wurzel - 16, ab 17 Blüte	St
3. Sa	♎		Licht	Blüte	K E
6. Woche					
4. So	♏ 4		Li/Wa	Blüte - 3, ab 4 Blatt	
5. Mo	♏		Wasser	Blatt	St
6. Di	♐ 12	◡18	Wa/Wä	Blatt - 11, ab 12 Frucht #Pflanzzeit Ende 17	
7. Mi	♐	▲	Wärme	Frucht, ab 16 besonders günstig	K ♄
8. Do	♑ 14		Wä/Er	Frucht -13, 0 - 2 bes. gü., ab 14 Wurzel	♄
9. Fr	♑		Erde	Wurzel	E
10. Sa	♒ 10	🌑0 Pg20	Er/Li	Wurzel - 7 --------------	St
7. Woche					
11. So	♒		Licht	------- Blüte ab 9	
12. Mo	♓ 2		Li/Wa	Blüte - 1, Blatt 2 - 5 ----- Blatt 11 - 16 -----	E
13. Di	♓	☊18	Wasser	---------------------	
14. Mi	♈ 15	♀☊	Wa/Wä	------ Blatt 13 - 14, ab 15 Frucht	
15. Do	♈		Wärme	Frucht	
16. Fr	♉ 10	☉–♒	Wä/Er	Frucht - 9, ab 10 Wurzel	K St
17. Sa	♉		Erde	Wurzel	E ♄
8. Woche					
18. So	♉		Erde	Wurzel	St
19. Mo	♊ 5	◠10	Er/Li	Wurzel - 4, ab 5 Blüte *Pflanzzeit Beginn 11	
20. Di	♊		Licht	Blüte	
21. Mi	♋ 11		Li/Wa	Blüte - 10, ab 11 Blatt	
22. Do	♋		Wasser	Blatt	K
23. Fr	♌ 5		Wa/Wä	Blatt - 4, ab 5 Frucht	
24. Sa	♌	🌕13	Wärme	Frucht	
9. Woche					
25. So	♌	Ag16	Wärme	Frucht	St
26. Mo	♍ 3		Wä/Er	Frucht - 2, ab 3 Wurzel	K V E ♄
27. Di	♍		Erde	Wurzel - 19 --------	
28. Mi	♍	☋0	Erde	---- Wurzel ab 4	E St
29. Do	♍		Erde	Wurzel - 23	

Pflanzzeit

Die Tierkreissymbole beziehen sich auf die sichtbaren astronomischen Sternbilder, nicht auf die astrologischen Sternzeichen (siehe S. 13)

Merkur	Venus	Mars	Jupiter	Saturn	Uranus	Neptun	Pluto
♐	♐	♐	♈	♒	♈	♓	♑
4. ♑	15. ♑	11. ♑					
21. ♒							

Notizen:

1. ______________________
2. ______________________
3. ______________________

____

____

4. ______________________
5. ______________________
6. ______________________
7. ______________________
8. ______________________
9. ______________________
10. ______________________

____

____

11. ______________________
12. ______________________
13. ______________________
14. ______________________
15. ______________________
16. ______________________
17. ______________________

____

____

18. ______________________
19. ______________________
20. ______________________
21. ______________________
22. ______________________
23. ______________________
24. ______________________

____

____

25. ______________________
26. ______________________
27. ______________________
28. ______________________
29. ______________________

Monatsbetrachtung Februar 2024

Merkur, Venus und Mars ziehen stetig weiter von dem warmen Schützen in den kühleren Steinbock. Jupiter und Uranus bleiben vor dem wärmenden Widder und sorgen womöglich für ein mildes Frühjahr. Wenn der Merkur gegen Monatsende schließlich zu Saturn vor den lichten Wassermann zieht, bringen sie hoffentlich etwas Licht in das Ende des Winters in diesem Schaltjahr.

Pflanzzeit: 1.2., 0 Uhr bis 6.2., 17 Uhr und ab 19.2., 11 Uhr.

In der Pflanzzeit könnten **Wein, Obstbäume und Hecken** beschnitten werden. Dafür sind die Blüten- und Fruchttage am günstigsten.
------- Zeiten auslassen.

Pflanzzeit südliche Erde: 6.2., 19 Uhr bis 19.2., 9 Uhr.

Frucht-Samen-Ernte südl. Erde: 6.2., 19 Uhr bis 8.2., 13 Uhr.
Wurzel-Samen-Ernte südl. Erde: 16.2., 10 Uhr bis 19.2., 4 Uhr.
Blüten-Samen-Ernte: 11.2., 9 Uhr bis 12.2., 1 Uhr.
----- auslassen.

Schneckenregulierung: 21.2., 11 Uhr bis 23.2., 4 Uhr.

Schnitt von **Weidenstecklingen für Zäune** und **Hecken:** an Blütentagen außerhalb der Pflanzzeit. In warmen, sehr frühen Lagen in der Pflanzzeit, um zu starken Saftaustritt zu vermeiden.

Aussaattage März 2024

Dat.	☾ v. Sternb.	Konstellat.	Element ☾	Fruchtorganimpuls durch ☾ oder Planeten	Neigung
1. Fr	♎ 0	☉–♒	Er/Li	Blüte ab 0	
2. Sa	♏ 11		Li/Wa	Blüte - 10, an 11 Blatt	
10. Woche					
3. So	♏		Wasser	Blatt	V ♄
4. Mo	♐ 21		Wa/Wä	Blatt - 20, ab 21 Frucht	E
5. Di	♐	◡3	Wärme	Frucht #Pflanzzeit Ende 2	
6. Mi	♐		Wärme	Frucht - 23	V St
7. Do	♑ 0		Wä/Er	Wurzel ab 0	
8. Fr	♒ 21		Er/Li	Wurzel - 20, ab 21 Blüte	
9. Sa	♒		Licht	Blüte - 19 -------------	St
11. Woche					
10. So	♓ 13	Pg8 🌑10	Li/Wa	--------- Blatt ab 21 ♆•	♄
11. Mo	♓	☉–♓ ☿•	Wasser	Blatt - 2 ------ 8 - 21 Blatt ----	E
12. Di	♓	☊2	Wasser	---------------	♄
13. Mi	♈ 2	☿☊	Wa/Wä	---------- Frucht ab 16	K
14. Do	♉ 18		Wä/Er	Frucht - 17, ab 18 Wurzel	St
15. Fr	♉		Erde	Wurzel	
16. Sa	♉		Erde	Wurzel	St
12. Woche					
17. So	♊ 11	⌒16	Er/Li	Wu. - 10, ab 11 Blü. *Pflanzz. Beginn 17	K V
18. Mo	♊		Licht	Blüte	K V ♄
19. Di	♋ 17		Li/Wa	Blüte - 16, ab 17 Blatt	
20. Mi	♋		Wasser	Blatt	St
21. Do	♌ 11		Wa/Wä	Blatt - 10, ab 11 Frucht	
22. Fr	♌		Wärme	Frucht	
23. Sa	♌	Ag17	Wärme	Frucht	
13. Woche					
24. So	♍ 10		Wä/Er	Frucht - 9, ab 10 Wurzel	
25. Mo	♍	🌕8 ☉••	Erde	Wurzel - 5, --------- ab 11 - 24 Wurzel	V ♄
26. Di	♍	☋5	Erde	--------- ab 9 Wurzel	
27. Mi	♍		Erde	Wurzel	St
28. Do	♎ 6		Er/Li	Wurzel - 5, ab 6 - 24 Blüte	
29. Fr	♏ 17	Karfreitag	Li/Wa	------------------	K
30. Sa	♏		Wasser	------------------	
14. Woche					
31. So	♏	Ostersonntag	Wasser	Blatt ab Sonnenaufgang	St

Pflanzzeit

Die Tierkreissymbole beziehen sich auf die sichtbaren astronomischen Sternbilder, nicht auf die astrologischen Sternzeichen (siehe S. 13)

Merkur	Venus	Mars	Jupiter	Saturn	Uranus	Neptun	Pluto
♒	♑	♑	♈	♒	♈	♓	♑
5. ♓	9. ♒	18. ♒					
	29. ♓						

Notizen:

1. ______
2. ______
______
______
3. ______
4. ______
5. ______
6. ______
7. ______
8. ______
9. ______
______
______
10. ______
11. ______
12. ______
13. ______
14. ______
15. ______
16. ______
______
______
17. ______
18. ______
19. ______
20. ______
21. ______
22. ______
23. ______
______
______
24. ______
25. ______
26. ______
27. ______
28. ______
29. ______
30. ______
______
______
31. ______

Monatsbetrachtung März 2024

Kaum wandert der Merkur aus dem lichten Wassermann und vor die Fische, wird er von Venus und schließlich Mars abgelöst. Die Venus fühlt sich im Licht am wohlsten und schenkt uns hoffentlich einige schöne, sonnige Stunden, in denen der Frühling wirklich aufgehen kann.

Pflanzzeit: 1.3.,0 Uhr bis zum 5.3., 2 Uhr und ab 17.3., 17 Uhr.

.

Pflanzzeit südliche Erde: 5.3., 4 Uhr bis 17.3., 15 Uhr.

Frucht-Samen-Ernte südl. Erde: 5.3., 4 Uhr bis 6.3., 23 Uhr.
Wurzel-Samen-Ernte südl. Erde: 14.3., 18 Uhr bis 17.3. 10 Uhr.
Blüten-Samen-Ernte südl. Erde: 8.3., 21 Uhr bis 9.3., 19 Uhr.

Weidenstecklinge stecken:
Für Pollentracht: vom 17.3., 17 Uhr bis 19.3., 16 Uhr.
Für Honigtracht: vom 21.3., 11 Uhr bis 24.3., 9 Uhr.

Schneckenregulierung: 19.3. 17 Uhr bis 21.3., 10 Uhr.

Pfropfreiser schneiden:
Blütenreiser: 8.3., 21 Uhr bis 9.3., 19 Uhr.
Fruchtreiser: 5.3., 2 Uhr bis 6.3., 23 Uhr.

Für Bio-Dynamiker: Im März oder April an Blütentagen morgens Löwenzahnblüten pflücken. Die Blüten sollten im Zentrum noch nicht ganz geöffnet sein.
Man trocknet sie auf Papier oder Trockengestellen an einem schattigen Ort. Nicht in der prallen Sonne.

Aussaattage April 2024

Dat.	☾ v. Sternb.	Konstellat.	Element ☾	Fruchtorganimpuls durch ☾ oder Planeten	Neigung
1. Mo	♐ 4	☉–♓ ◡10	Wa/Wä	Blatt - 3, ab 4 Frucht #Pflanzz Ende 9	
2. Di	♐		Wärme	Frucht	V
3. Mi	♑ 9		Wä/Er	Frucht - 8, ab 9 Wurzel	K ɥ
4. Do	♑		Erde	Wurzel	ɥ
5. Fr	♒ 8		Er/Li	Wurzel - 7, ab 8 Blüte	
6. Sa	♒	♄☌	Licht	Blüte - 9, ------------- ab 15 - 24 Blüte	St
15. Woche					
7. So	♓ 1	Pg20 ♆☌♀☌	Li/Wa	Blatt ab 1 - 7 -------	St
8. Mo	♓	☺20 ☊14	Wasser	------- ab 23 Blatt	☉☌ St
9. Di	♈ 14		Wa/Wä	Blatt - 13, ab 14 Frucht	
10. Mi	♈		Wärme	Frucht	ɥ St
11. Do	♉ 5		Wä/Er	Frucht - 4, ab 5 Wurzel	
12. Fr	♉		Erde	Wurzel	St
13. Sa	♊ 20		Er/Li	Wurzel - 19, ab 20 Blüte	V
16. Woche					
14. So	♊	◠1	Licht	Blüte *Pflanzzeit Beginn 2	St
15. Mo	♊		Licht	Blüte - 24	
16. Di	♋ 1		Li/Wa	Blatt ab 1	K V
17. Mi	♌ 18		Wa/Wä	Blatt - 17, ab 18 Frucht	ɥ St
18. Do	♌		Wärme	Frucht	
19. Fr	♌	☉–♈	Wärme	Frucht - 8 -----------	
20. Sa	♍ 17	☿☋ Ag4	Wä/Er	------- ab 22 Wurzel	St
17. Woche					
21. So	♍		Erde	Wurzel	V
22. Mo	♍	☋13	Erde	Wurzel - 8 ------- ab 17 Wurzel	St
23. Di	♍		Erde	Wurzel	
24. Mi	♎ 13	☺3	Er/Li	Wurzel - 12, ab 13 Blüte	E ɥ
25. Do	♎		Licht	Blüte - 23	
26. Fr	♏ 0		Li/Wa	Blatt ab 0	
27. Sa	♏		Wasser	Blatt	ɥ
18. Woche					
28. So	♐ 10	◡16	Wa/Wä	Blatt - 9, ab 10 Frucht #Pflanzzeit Ende 15	
29. Mo	♐		Wärme	Frucht	
30. Di	♑ 16		Wä/Er	Frucht - 15, ab 16 Wurzel	St

Pflanzzeit

Die Tierkreissymbole beziehen sich auf die sichtbaren astronomischen Sternbilder, nicht auf die astrologischen Sternzeichen (siehe S. 13)

Merkur	Venus	Mars	Jupiter	Saturn	Uranus	Neptun	Pluto
♓	♓	♒	♈	♒	♈	♓	♑
2. ♓R	29. ♈	20. ♓	29. ♉				
25. ♓							

Notizen:

1.
2.
3.
4.
5.
6.
7.
8.
9.
10.
11.
12.
13.
14.
15.
16.
17.
18.
19.
20.
21.
22.
23.
24.
25.
26.
27.
28.
29.
30.

Monatsbetrachtung April 2024

Der Merkur wird zu Beginn des Monats rückläufig und bewegt sich wieder auf den Wassermann zu, statt in Richtung des Widders. Damit bleibt er weiter in den feuchten Fischen und sorgt gemeinsam mit Venus und Mars für einen nassen Monat. Zudem schiebt diese Rückläufigkeit das Einsetzen der Bodenwärme zurück. Da gegen Ende des Monats auch der Jupiter nun den wärmenden Widder verlässt und vor den kühleren Stier wandert, bleibt zu hoffen, dass die Venus vor dem Widder die aufziehende Kälte ausgleichen kann.

Pflanzzeit: 1.4., 0 Uhr bis 1.4., 9 Uhr und 14.4., 2 Uhr bis 28.4., 15 Uhr.

Pflanzzeit südliche Erde: 1.4., 11 Uhr bis 13.4., 24 Uhr und ab 28.4., 17 Uhr.

Frucht-Samen-Ernte südl. Erde: 9.4., 14 Uhr bis 11.4., 4 Uhr.
Wurzel-Samen-Ernte südl. Erde: 11.4., 5 Uhr bis 13.4., 19 Uhr.
Blüte-Samen-Ernte südl. Erde: 5.4., 8 Uhr bis 6.4., 9 Uhr.

Pfropfarbeiten:
Fruchtgehölze: 28.4., 17 Uhr bis 30.4., 15 Uhr.

Aussaattage Mai 2024

Dat.	☾ v. Sternb.	Konstellat.	Element ☾	Fruchtorganimpuls durch ☾ oder Planeten	Neigung
1. Mi	♑	☉-♈	Erde	Wurzel	
2. Do	♒ 16		Er/Li	Wurzel - 15, ab 16 Blüte	
3. Fr	♒		Licht	Blüte - 22 -----	E
4. Sa	♓ 10	♄☌ ♆☌	Li/Wa	----- Blüte 4 - 9, 10 - 18 Blatt -----	E St
19. Woche					
5. So	♓	♂☌	Wasser	------ 7 - 11 Blatt -----------	
6. Mo	♓	☊0 Pg0	Wasser	-------- 13 - 23 Blatt	V
7. Di	♈ 0		Wa/Wä	Frucht ab 0	
8. Mi	♉ 15	🌑5	Wä/Er	Frucht - 14, ab 15 Wurzel	
9. Do	♉		Erde	Wurzel	St
10. Fr	♉		Erde	Wurzel	St
11. Sa	♊ 5	⌒10	Er/Li	Wurzel - 4, ab 5 Blüte *Pflanzzeit Beginn 11	E ϟ
20. Woche					
12. So	♊		Licht	Blüte	
13. Mo	♋ 9		Li/Wa	Blüte - 8, ab 9 Blatt	
14. Di	♋	☉-♉	Wasser	Blatt	
15. Mi	♌ 2		Wa/Wä	Blatt - 1, ab 2 Frucht	
16. Do	♌		Wärme	Frucht	
17. Fr	♌	Ag21	Wärme	Frucht - 23	V St
18. Sa	♍ 0		Wä/Er	Wurzel ab 0	St
21. Woche					
19. So	♍	☋19	Erde	Wurzel - 14 -------- ab 23 Wurzel	K V E
20. Mo	♍		Erde	Wurzel	K
21. Di	♎ 20		Er/Li	Wurzel - 19, ab 20 Blüte	St
22. Mi	♎	▲	Licht	Blüte - 10, 11 - 20 Wurzel, ab 21 Blüte	
23. Do	♏ 7	🌕16	Li/Wa	Blüte - 6, ab 7 Blatt	ϟ
24. Fr	♏		Wasser	Blatt	K
25. Sa	♐ 16	◡22 ▲	Wa/Wä	Bl - 6, 7 - 17 Wu, ab 18 Fru #Pflanzz. Ende 21	E
22. Woche					
26. So	♐		Wärme	Frucht	
27. Mo	♑ 21		Wä/Er	Frucht bis 20, ab 21 Wurzel	
28. Di	♑		Erde	Wurzel	K
29. Mi	♒ 22		Er/Li	Wurzel - 21, ab 22 Blüte	St
30. Do	♒		Licht	Blüte	
31. Fr	♓ 16	♄☌	Li/Wa	Blüte - 7 ----- 13 - 15 Blüte, ab 16 Blatt	

Pflanzzeit

Die Tierkreissymbole beziehen sich auf die sichtbaren astronomischen Sternbilder, nicht auf die astrologischen Sternzeichen (siehe S. 13)

Merkur	Venus	Mars	Jupiter	Saturn	Uranus	Neptun	Pluto
♓	♈	♓	♉	♒	♈	♓	♑
15. ♈	18. ♉				25. ♉		3. ♑R
31. ♉							

Notizen:

1.
2.
3.
4.
5.
6.
7.
8.
9.
10.
11.
12.
13.
14.
15.
16.
17.
18.
19.
20.
21.
22.
23.
24.
25.
26.
27.
28.
29.
30.
31.

Monatsbetrachtung Mai 2024

Zur Monatsmitte zieht der Merkur vor den Widder und leitet so das Einsetzen der Bodenwärme ein. Das bedeutet für uns nun endlich Kartoffeln setzen zu können. Jedoch ziehen einige Planeten diesen Monat auch vor den Stier und der Pluto wird im Steinbock rückläufig. Der Monat könnte also noch etwas kälter bleiben.

Bodenwärme setzt ein am 15.5.
Pflanzzeit: 11.5., 11 Uhr bis 25.5., 21 Uhr.

Pflanzzeit südliche Erde: 1.5., 0 Uhr bis 11.5., 9 Uhr und ab 25.5., 23 Uhr.

Pfropfarbeiten:
Fruchtgehölze: 7.5., 0 Uhr bis 8.5., 14 Uhr.
Blütengehölze: 2.5., 16 Uhr bis 3.5., 22 Uhr.

Speisekartoffeln: an Wurzeltagen setzen, nach einsetzen der Bodenwärme.
Saatkartoffeln für 2025: 15.5., 2 Uhr bis 17.5., 23 Uhr kleine Kartoffeln setzen.

Heuschnitt: an Blütentagen.

Einleiten (Umlarven, Bogenschnitt oder Stanzen) der **Königinnenzucht** an den Blütentagen (3).

Stallfliegen: mit Fliegenfänger fangen und an Blütentagen im Stall verbrennen.
Werren: 23.5., 7 Uhr bis 25.5., 6 Uhr.

Schneckenregulierung: 13.5., 9 Uhr bis 15.5., 1 Uhr.
Motten u. Wachsmottenreg.: 7.5., 0 Uhr bis 8.5., 14 Uhr.
Nachtfalterregulierung: 6.5. 13 - 23 Uhr.

Für Bio-Dynamiker: Nach Einsetzen der Bodenwärme können die Präparate aus der Erde genommen werden.
-------- Zeiten auslassen.

Aussaattage Juni 2024

Dat. ☾ v. Sternb.	Konstellat.	Element ☾	Fruchtorganimpuls durch ☾ oder Planeten	Neigung
1. Sa ♓	☉–♉ ♆●	Wasser	Blatt - 2 ----- 8 - 20 Blatt -----	K E
23. Woche				
2. So ♓	☊5 Pg9	Wasser	---------- ab 22 Wurzel	K E St
3. Mo ♈ 8	▲	Wa/Wä	Wurzel - 4, 5 - 7 Blatt, 8 - 24 Frucht	K
4. Di ♈	▲	Wärme	Wurzel ab 1 - 10, 11 - 20 Frucht ------	St
5. Mi ♉ 1		Wä/Er	-----------------	
6. Do ♉	●16 ♀☊	Erde	-------- ab 18 Wurzel	
7. Fr ♊ 15	⌒19	Er/Li	Wurzel - 14, ab 15 Blüte *Pflanzzeit Beginn 20	
8. Sa ♊		Licht	Blüte - 1 -------------	St
24. Woche				
9. So ♋ 18	☿☊	Li/Wa	------- ab 15 - 17 Blüte, ab 18 Blatt	K E St
10. Mo ♋		Wasser	Blatt	
11. Di ♌ 10		Wa/Wä	Blatt - 9, ab 10 Frucht	V St
12. Mi ♌		Wärme	Frucht	St
13. Do ♌		Wärme	Frucht	V
14. Fr ♍ 8	Ag16	Wä/Er	Frucht - 7, 8 - 19 Ag Blüte, ab 20 Wurzel	St
15. Sa ♍	☋22	Erde	Wurzel - 17 --------	V
25. Woche				
16. So ♍		Erde	-- Wurzel ab 2	V
17. Mo ♍		Erde	Wurzel	E ♄
18. Di ♎ 4		Er/Li	Wurzel bis 3, ab 4 Blüte	♄
19. Mi ♏ 15		Li/Wa	Blüte bis 14, ab 15 Blatt	
20. Do ♏	☉–♊	Wasser	Blatt	E
21. Fr ♏		Wasser	Blatt - 23	
22. Sa ♐ 0	○3 ◡3	Wa/Wä	Frucht ab 0 #Pflanzzeit Ende 2	♄
26. Woche				
23. So ♐		Wärme	Frucht	St
24. Mo ♑ 4		Wä/Er	Frucht - 3, ab 4 Wurzel	
25. Di ♑		Erde	Wurzel	♄
26. Mi ♒ 3	▲	Er/Li	Wurzel - 2, ab 3 Blüte, 11 - 24 bes. günstig	St
27. Do ♓ 21	♄● Pg14	Li/Wa	Blüte - 1 -------------	
28. Fr ♓	♆●	Wasser	-- Blatt 3 - 8 ------ ab 14 Blatt	St
29. Sa ♓	☊6	Wasser	Blatt - 1 -------- ab 10 Blatt	E
27. Woche				
30. So ♈ 14		Wa/Wä	Blatt - 13, ab 14 Frucht	

Pflanzzeit

Die Tierkreissymbole beziehen sich auf die sichtbaren astronomischen Sternbilder, nicht auf die astrologischen Sternzeichen (siehe S. 13)

Merkur	Venus	Mars	Jupiter	Saturn	Uranus	Neptun	Pluto
♉	♉	♓	♉	♒	♉	♓	♑R
17. ♊	17. ♊	8. ♈		30. ♒R			

Notizen:

1.

2.

3.

4.

5.

6.

7.

8.

9.

10.

11.

12.

13.

14.

15.

16.

17.

18.

19.

20.

21.

22.

23.

24.

25.

26.

27.

28.

29.

30.

Monatsbetrachtung Juni 2024

Der Juni bleibt vorerst kühler. Merkur, Venus, Jupiter, Uranus und Pluto wandern zu Beginn des Monats vor erdig kühlen Sternbildern und auch wenn Merkur und Venus zeitgleich vor den lichten Zwilling wechseln, bringt nur der Mars vor dem Widder etwas Wärme.

Pflanzzeit: 7.6., 20 Uhr bis 22.6., 2 Uhr.

Pflanzzeit südliche Erde: 1.6., 0 Uhr bis 7.6., 18 Uhr und ab 22.6., 4 Uhr.

Heuschnitt: 18.6., 4 Uhr bis 19.6., 14 Uhr und an anderen Blütentagen.

Königinnenzucht bei Bienen: 18.6., 4 Uhr bis 19.6., 14 Uhr und an den Blüten- oder Fruchttagen (3).
------- Zeiten auslassen.

Stallfliegen: mit Fliegenfänger fangen im Stall verbrennen vom 18.6., 4 Uhr bis 19.6., 14 Uhr, sonst an anderen Blütentagen.

Für Biodynamiker: an **Blütentagen Baldrianblüten** am frühen Morgen pflücken, wenn in den Pflanzen noch genügend Nachtfeuchte erhalten ist. Danach schnellstens den Saft auspressen, ohne ihn mit Wasser zu verdünnen, auch nicht die Pflanzen in Wasser legen. Mit Wasser verdünnter Saft hält nicht lange genug.
Damit die Ernte reibungslos verläuft, sollte man schon früh genug die Stellen suchen, wo der Baldrian wächst.

Aussaattage Juli 2024

Dat.	☾ v. Sternb.	Konstellat.		Element ☾	Fruchtorganimpuls durch ☾ oder Planeten	Neigung
1. Mo	♈	☉–♊		Wärme	Frucht	K
2. Di	♉ 8		▲	Wä/Er	Frucht - 7, 8-17 Blatt, 18-20 Wu., ab 21 Blüte	ɥ
3. Mi	♉		▲	Erde	Blüte - 7, ab 8 Wurzel	
4. Do	♊ 23			Erde	Wurzel - 22, ab 23 Blüte	
5. Fr	♊	⌒1		Licht	Blüte *Pflanzzeit Beginn 2	
6. Sa	♊	●1		Licht	Blüte	
28. Woche						
7. So	♋ 2			Li/Wa	Blüte - 1, ab 2 Blatt	K ɥ St
8. Mo	♌ 18			Wa/Wä	Blatt - 17, ab 18 Frucht	
9. Di	♌			Wärme	Frucht	
10. Mi	♌			Wärme	Frucht - 22, ab 23 Blüte	
11. Do	♍ 16		▲▲	Wä/Er	Blüte - 8, 9 - 19 Blatt, 20 - 24 Wurzel	St
12. Fr	♍	Ag10		Erde	Ag-Blüte 1 - 13, 14 - 19 Wurzel ------	
13. Sa	♍	☋0		Erde	---- ab 4 Wurzel	
29. Woche						
14. So	♍			Erde	Wurzel	
15. Mo	♎ 13			Er/Li	Wurzel - 12, ab 13 Blüte	
16. Di	♎			Licht	Blüte - 8 -----------	
17. Mi	♏ 0	☿☋		Wasser	------------ Blatt ab 22	
18. Do	♏			Wasser	Blatt	K E ɥ
19. Fr	♐ 9	◡13		Wa/Wä	Blatt - 8, ab 9 Frucht #Pflanzz. Ende 12	K E St
20. Sa	♐	☉–♋		Wärme	Frucht - 17, ab 18 Wurzel	
30. Woche						
21. So	♑ 12	○12	▲▲	Wä/Er	Blatt u. Wurzel 0-9, 10-11 Frucht, ab 12 Wu.	K
22. Mo	♑			Erde	Wurzel	
23. Di	♒ 11			Er/Li	Wurzel - 10, 11 - 19 Blüte -------	
24. Mi	♒	Pg8	♄●	Licht	-----------------	
25. Do	♓ 4		♆●	Li/Wa	---- 4 - 14 Blatt ------- ab 20 Blatt	
26. Fr	♓	☊8		Wasser	Blatt - 2 ------- ab 12 Blatt	
27. Sa	♈ 20			Wa/Wä	Blatt - 19, ab 20 Frucht	
31. Woche						
28. So	♈			Wärme	Frucht	
29. Mo	♉ 13			Wä/Er	Frucht - 12, ab 13 Wurzel	
30. Di	♉			Erde	Wurzel	
31. Mi	♉			Erde	Wurzel	K E ɥ

Pflanzzeit

Die Tierkreissymbole beziehen sich auf die sichtbaren astronomischen Sternbilder, nicht auf die astrologischen Sternzeichen (siehe S. 13)

Merkur	Venus	Mars	Jupiter	Saturn	Uranus	Neptun	Pluto
♊	♊	♈	♉	♒R	♉	♓	♑R
1. ♋	9. ♋	12. ♉				2. ♓R	
15. ♌	27. ♌						

Notizen:

1.
2.
3.
4.
5.
6.
7.
8.
9.
10.
11.
12.
13.
14.
15.
16.
17.
18.
19.
20.
21.
22.
23.
24.
25.
26.
27.
28.
29.
30.
31.

Monatsbetrachtung Juli 2024

Nach einer Reise durch den wässrigen Krebs bewegt sich der Merkur zur Monatsmitte schließlich vor den wärmenden Löwen. Der Merkur ist der Wärmeplanet, dessen Wirkung für uns am direktesten wahrzunehmen ist. Zwar sind Saturn und Pluto ebenfalls Wärmeplaneten, ihre Einflüsse sind durch die weite Entfernung von der Erde jedoch weniger einfach zu erfassen. Mars, Jupiter und Uranus bewegen sich weiterhin vor dem erdig kühlen Stier und die Venus wandert erst gegen Monatsende in den Löwen, wir werden daher sehen müssen, wie Kälte und Wärme sich die Waage halten.

Pflanzzeit: 5.7., 2 Uhr bis 19.7., 12 Uhr.

Pflanzzeit südliche Erde: 1.7., 0 Uhr bis 4.7., 24 Uhr und ab 19.7., 14 Uhr.

Heuschnitt: an Blütentagen, ------- Zeiten auslassen.
Stallfliegen: mit Fliegenfänger fangen und am 4.7., 23 bis 7.7., 1 Uhr im Stall verbrennen. Sonst Blütentage nutzen, ------- Zeiten auslassen.
Schneckenregulierung: 7.7., 2 Uhr bis 8.7., 17 Uhr veraschen. An Blütentagen früh morgens, bei Blattpflanzen den Boden mit Kieselpräparat bespritzen.

Blatt-Samen-Ernte: 7.7., 2 Uhr bis 8.7., 17 Uhr, sonst an anderen Blatttagen.
Frucht-Samen-Ernte: 8.7., 18 Uhr bis 10.7., 22 Uhr.
Wurzel-Samen-Ernte: 12.7., 14 Uhr bis 15.7., 12 Uhr.
Blüten-Samen-Ernte: 4.7., 23 Uhr bis 7.7., 1 Uhr, sonst an anderen Blütentagen,
------- Zeiten auslassen.

Königinnenzucht bei Bienen: 4.7., 23 Uhr bis 6.7., 24 Uhr.

Aussaattage August 2024

Dat. ☾ v. Sternb.	Konstellat.	Element ☾	Fruchtorganimpuls durch ☾ oder Planeten	Neigung
1. Do ♊ 5	☉ – ♋ ☊8	Er/Li	Wurzel - 4, ab 5 Blüte *Pflanzzeit Beginn 9	K ♄
2. Fr ♊		Licht	Blüte	
3. Sa ♋ 10		Li/Wa	Blüte - 9, ab 10 Blatt	
32. Woche				
4. So ♋	🌑13	Wasser	Blatt	St
5. Mo ♌ 2		Wa/Wä	Blatt - 1, ab 2 Frucht	
6. Di ♌		Wärme	Frucht	
7. Mi ♍ 23		Wärme	Frucht - 22, ab 23 Wurzel	K E
8. Do ♍		Erde	Wurzel - 18, 19 - 23 Ag-Blüte	
9. Fr ♍	☋3 Ag4	Erde	------ ab 8 Wurzel	
10. Sa ♍		Erde	Wurzel	V
33. Woche				
11. So ♎ 21	☉–♌	Er/Li	Wurzel - 20, ab 21 Blüte	
12. Mo ♎		Licht	Blüte	
13. Di ♏ 8		Li/Wa	Blüte - 7, ab 8 Blatt	
14. Mi ♏		Wasser	Blatt	
15. Do ♐ 18	◡22	Wa/Wä	Blatt - 17, ab 18 Frucht #Pflanzz. Ende 21	K E
16. Fr ♐		Wärme	Frucht	K St
17. Sa ♑ 22		Wä/Er	Frucht - 21, ab 22 Wurzel	
34. Woche				
18. So ♑		Erde	Wurzel	♄
19. Mo ♒ 20	🌕20	Er/Li	Wurzel - 19, ab 20 Blüte	♄ St
20. Di ♒		Licht	Blüte - 18 ------	
21. Mi ♓ 12	Pg7 ♄☍	Li/Wa	-------------	
22. Do ♓	♆☍ ☊12	Wasser	--- Blatt ab 3 - 7 ------- ab 16 Blatt	K
23. Fr ♓		Wasser	Blatt	E St
24. Sa ♈ 2		Wa/Wä	Blatt - 1, ab 2 Frucht	
35. Woche				
25. So ♉ 19		Wä/Er	Frucht - 18, ab 19 Wurzel	
26. Mo ♉		Erde	Wurzel	V
27. Di ♉	▲	Erde	Wurzel, 2 - 12 besonders günstig	St
28. Mi ♊ 11	☊13	Er/Li	Wurzel - 10, ab 11 Blüte *Pflanzz. Beg. 14	V St
29. Do ♊	▲	Licht	Blüte - 10, 11 - 20 Wurzel, ab 21 Blüte	
30. Fr ♋ 15		Li/Wa	Blüte - 14, ab 15 Blatt	
31. Sa ♋		Wasser	Blatt	

Pflanzzeit

Die Tierkreissymbole beziehen sich auf die sichtbaren astronomischen Sternbilder, nicht auf die astrologischen Sternzeichen (siehe S. 13)

Merkur	Venus	Mars	Jupiter	Saturn	Uranus	Neptun	Pluto
♌	♌	♉	♉	♒R	♉	♓R	♑R
5. ♌R	24. ♍						
28. ♌							

Notizen:

1. ______
2. ______
3. ______
______
______
4. ______
5. ______
6. ______
7. ______
8. ______
9. ______
10. ______
______
______
11. ______
12. ______
13. ______
14. ______
15. ______
16. ______
17. ______
______
______
18. ______
19. ______
20. ______
21. ______
22. ______
23. ______
24. ______
______
______
25. ______
26. ______
27. ______
28. ______
29. ______
30. ______
31. ______

Monatsbetrachtung August 2024

Der Merkur bleibt den ganzen Monat über vor dem Löwen. Zu Monatsbeginn wird er rückläufig und kehrt erst am Ende des Monats wieder um. Dieses Jahr müssen wir jedoch nicht mit drei von Merkur angeheizten Monaten rechnen. Außer Merkur, Saturn und Neptun ziehen zudem alle Planeten in diesem Monat ihre Bahnen vor erdig kühlen Sternbildern. Es steht also zur Frage, wie viel der Merkur dem entgegenzusetzen hat.

Pflanzzeit: 1.8., 9 Uhr bis 15.8., 21 Uhr und ab 28.8., 14 Uhr.

Pflanzzeit südliche Erde: 1.8., 0 Uhr bis 7 Uhr und ab dem 15.8., 23 Uhr bis 28.8., 12 Uhr.

Samen von Fruchtpflanzen und Getreide für Saatgut: 15.8., 18 Uhr bis 17.8., 21 Uhr
Nach der Ernte sofort Zwischenfrüchte aussäen wie Lupine, Phacelia, Senf oder Leindotter.
Blatt-Samen-Ernte: 3.8., 10 Uhr bis 5.8., 1 Uhr.
Blüten-Samen-Ernte: 11.8., 21 Uhr bis 13.8., 7 Uhr.

Ameisen in Häusern: 15.8., 18 Uhr bis 17.8., 21 Uhr veraschen. ------- Zeiten auslassen.

Schneckenregulierung: 3.8., 10 Uhr bis 5.8., 1 Uhr veraschen. An Blütentagen früh morgens, bei Blattpflanzen den Boden mit Kieselpräparat bespritzen.

Für Biodynamiker, Herstellung der vegetabilischen Präparate nach Maria Thun®: am 28.8., 11 Uhr bis 29.8., 2 Uhr **Birke** (Schafgarbe) schneiden, füllen und aufhängen. 14.8., 5 Uhr bis 21 Uhr **Eiche** (Eichenrinde), schneiden, füllen und in die Erde geben. **Weitere Termine finden sich im November**.

Aussaattage September 2024

Dat.	☾ v. Sternb.	Konstellat.	Element ☾		Fruchtorganimpuls durch ☾ oder Planeten		Neigung
36. Woche							
1. So	♌ 8	☉–♌ ☋23	Wa/Wä	█	Blatt - 7, 8 - 18 Frucht -------		
2. Mo	♌		Wärme	█	---- Frucht ab 3		K E
3. Di	♌	☻4	Wärme	█	Frucht - 24		E
4. Mi	♍ 6		Wä/Er	█	-------------		
5. Do	♍	Ag17 ☋8 ☿☊	Erde	Pflanzzeit	-------------	♀●	
6. Fr	♍	♂☊	Erde	█	------ Wurzel ab 17		
7. Sa	♍		Erde	█	Wurzel		ɥ
37. Woche							
8. So	♎ 4		Er/Li	█	Wurzel - 3, ab 4 Blüte		
9. Mo	♏ 16		Li/Wa	█	Blüte - 15, ab 16 Blatt		
10. Di	♏		Wasser	█	Blatt		K ɥ
11. Mi	♏		Wasser	█	Blatt		
12. Do	♐ 3	◡7	Wa/Wä	█	Blatt - 2, ab 3 Frucht	#Pflanzzeit Ende 6	St
13. Fr	♐		Wärme		Frucht		V
14. Sa	♑ 8		Wä/Er		Frucht - 7, ab 8 Wurzel		
38. Woche							
15. So	♑	▲	Erde		Wurzel, 1 - 11 besonders günstig		ɥ
16. Mo	♒ 7	☉–♍	Er/Li		Wurzel - 6, ab 7 Blüte		St
17. Di	♓ 23	♄●	Licht		Blüte - 9 ------ 15 - 22 Blüte, ab 23 Blatt		
18. Mi	♓	☊22 Pg15	Wasser		Blatt - 2 -------------	☺5	♆●
19. Do	♓	▲	Wasser		---- Blatt 4 - 9, 10 - 19 Wurzel, ab 20 Blatt		
20. Fr	♈ 11		Wa/Wä		Blatt - 10, ab 11 Frucht		K ɥ
21. Sa	♈		Wärme		Frucht		St
39. Woche							
22. So	♉ 2	▲	Wä/Er		Frucht - 1, ab 2 Wurzel, 2 - 11 bes. günstig		K V
23. Mo	♉		Erde		Wurzel		St
24. Di	♊ 17	⌓19 ▲	Er/Li	█	Wurzel - 10 ------	*Pflanzzeit Beg. 20	
25. Mi	♊	♀☋	Licht	█	-------------		ɥ
26. Do	♋ 21	▲	Li/Wa	█	------ 10 - 20 Blüte, ab 21 Blatt		V E
27. Fr	♋		Wasser	█	Blatt		
28. Sa	♌ 14		Wa/Wä	█	Blatt - 13, ab 14 Frucht		
40. Woche							
29. So	♌		Wärme	█	Frucht - 17, ab 18 Blüte		
30. Mo	♌	▲	Wärme	█	Blüte - 9, ab 10 Frucht		

Die Tierkreissymbole beziehen sich auf die sichtbaren astronomischen Sternbilder, nicht auf die astrologischen Sternzeichen (siehe S. 13)

Merkur	Venus	Mars	Jupiter	Saturn	Uranus	Neptun	Pluto
♌	♍	♉	♉	♒R	♉	♓R	♑R
23. ♍		4. ♊			2. ♉R		

Notizen:

1.
2.
3.
4.
5.
6.
7.
8.
9.
10.
11.
12.
13.
14.
15.
16.
17.
18.
19.
20.
21.
22.
23.
24.
25.
26.
27.
28.
29.
30.

Monatsbetrachtung September 2024

Der September wird schließlich etwas kühler, spätestens wenn gegen Monatsende der Merkur aus dem Löwen vor die erdige Jungfrau wechselt. Die übrigen Planeten bewegen sich fast ausschließlich vor erdigen oder lichten Sternbildern, die Trigone in diesem Monat zeichnen zusätzlich ein kühleres Bild. Auf einige sonnige Tage können wir trotzdem hoffen.

Pflanzzeit: 1.9., 0 Uhr bis zum 12.9., 6 Uhr und ab 24.9., 20 Uhr.

Pflanzzeit südliche Erde: 12.9., 8 Uhr bis 24.9., 18 Uhr.

Für die **Obsternte** seien die Tage empfohlen, an denen der Mond vor Widder oder Schützen steht. Ansonsten die übrigen Fruchttage.

Die Ernte von **Wurzelfrüchten** an Wurzeltagen ist unübertroffen gut, wie Lagervergleiche mit Zwiebeln, Möhren, Rote Bete und Kartoffeln deutlich gezeigt haben.

Für Wintergetreideaussaaten eignen sich besonders die Löwe- und Schützezeiten. ------- Zeiten auslassen.

Der **Roggen** kann in Ausnahmefällen auch an Wurzeltagen gesät werden. Alle Pflegemaßnahmen sollten aber unbedingt an Fruchttagen durchgeführt werden.

Schneckenregulierung: 26.9., 21 bis 28.9., 13 Uhr.

Ameisen in Häusern: 2.9., 3 Uhr bis 3.9., 24 Uhr veraschen. ------- Zeiten auslassen.

Für Biodynamiker, Herstellung der vegetabilischen Präparate nach Maria Thun®: 30.9., 11 bis 1.10., 3 Uhr **Lärche** (Kamille) schneiden, füllen und in die Erde geben..(8)

Aussaattage Oktober 2024

Dat.	☾ v. Sternb.	Konstellat.		Element ☾	Fruchtorganimpuls durch ☾ oder Planeten	Neigung
1. Di	♍ 12	⊙–♍		Wä/Er	Frucht - 11, ab 12 Wurzel	
2. Mi	♍	☋14 ●21 Ag22		Erde	Wurzel - 9 -----------	⊙☍
3. Do	♍			Erde	Wurzel ab 0	
4. Fr	♍		▲	Erde	Wurzel - 10, 11 - 21 Blüte, ab 22 Wurzel	
5. Sa	♎ 10			Er/Li	Wurzel - 9, ab 10 Blüte	St
41. Woche						
6. So	♏ 22			Li/Wa	Blüte - 21, ab 22 Blatt	St
7. Mo	♏			Wasser	Blatt - 24	K V St
8. Di	♏		▲▲	Wasser	1 - 8 Blü, 9 - 16 Blü + Wu, 17 - 18 Wu, ab 19 Bla	ɥ
9. Mi	♐ 10	◡14		Wa/Wä	Blatt - 9, ab 10 Frucht #Pflanzzeit Ende 13	
10. Do	♐			Wärme	Frucht	
11. Fr	♑ 17			Wä/Er	Frucht bis 16, ab 17 Wurzel	
12. Sa	♑			Erde	Wurzel - 7 -------------	St
42. Woche						
13. So	♒ 17	☿☋		Er/Li	------------ Wurzel ab 21	V ɥ
14. Mo	♒	♄☍	▲	Licht	Wurzel - 9, 10 - 17 Blüte ----- ab 23 Blüte	St
15. Di	♓ 10	♆☍		Li/Wa	Blüte - 9, 10 - 16 Blatt ----- ab 22 Blatt	
16. Mi	♓	☊9		Wasser	Blatt - 4 ----- 13 - 14 Blatt ---------	E
17. Do	♈ 22	○13 Pg3		Wa/Wä	----------- 16 - 22 Blatt, ab 23 Frucht	
18. Fr	♈			Wärme	Frucht	
19. Sa	♉ 13			Wä/Er	Frucht - 12, ab 13 Wurzel	
43. Woche						
20. So	♉			Erde	Wurzel	
21. Mo	♉			Erde	Wurzel - 21, ab 22 Blüte	
22. Di	♊ 1	◠3	▲	Er/Li	Blüte, 1 - 12 bes. gü. *Pflanzzeit Beg. 4	V St
23. Mi	♊			Licht	Blüte	St
24. Do	♋ 4			Li/Wa	Blüte - 3, ab 4 Blatt	
25. Fr	♌ 20			Wa/Wä	Blatt - 19, ab 20 Frucht	K V
26. Sa	♌			Wärme	Frucht	E St
44. Woche						
27. So	♌			Wärme	Frucht	
28. Mo	♍ 17			Wä/Er	Frucht - 16, ab 17 Wurzel	St
29. Di	♍	☋19		Erde	Wurzel - 14 --------- ab 23 Ag Blüte	
30. Mi	♍	Ag0		Erde	Ag Blüte - 3, ab 4 Wurzel	V
31. Do	♍			Erde	Wurzel	

P f l a n z z e i t

Die Tierkreissymbole beziehen sich auf die sichtbaren astronomischen Sternbilder, nicht auf die astrologischen Sternzeichen (siehe S. 13)

Merkur	Venus	Mars	Jupiter	Saturn	Uranus	Neptun	Pluto
♍	♍	♊	♉	♒R	♉R	♓R	♑R
20. ♎	1. ♎	2. ♋	9. ♉R				11. ♑
	16. ♏						

Notizen:

1.
2.
3.
4.
5.
6.
7.
8.
9.
10.
11.
12.
13.
14.
15.
16.
17.
18.
19.
20.
21.
22.
23.
24.
25.
26.
27.
28.
29.
30.
31.

Monatsbetrachtung Oktober 2024

Ein großer Teil der Planeten bewegt sich diesen Monat rückläufig. Viel Veränderung zeigt sich daher nicht in diesem Monat. Merkur und Venus wandern aus der Jungfrau weiter in die Waage und schenken uns hoffentlich ein paar schöne Tage, die Venus wandert jedoch direkt weiter vor den Skorpion. Mit dem Mars in den Fischen bringen sie uns sicher auch einige Schauer.

Pflanzzeit: 1.10., 0 Uhr bis 9.10., 13 Uhr und ab 22.10., 4 Uhr.

Pflanzzeit südliche Erde: 9.10., 15 Uhr bis 22.10., 2 Uhr.

Für die **Lagerobsternte** eignen sich folgende Tage: An Frucht- und Blütentagen außerhalb der Pflanzzeit.

Wurzel-Samen-Ernte: 3.10., 0 Uhr bis 4.10., 10 Uhr, sonst an anderen Wurzeltagen.
Blüten-Samen-Ernte: 22.10., 4 Uhr bis 24.10., 3 Uhr.
Blatt-Samen-Ernte: 24.10., 4 Uhr bis 25.10., 19 Uhr, sonst an anderen Blatttagen.
Alle abgeernteten Flächen sollte man mit Kompost versorgen, Fladenpräparat spritzen.

Schneckenregulierung: 24.10., 4 Uhr bis 25.10., 19 Uhr.

Der Veraschungstermin für Gefieder und Felle rotblütiger Tiere: 19.10., 13 Uhr bis 21.10., 21 Uhr. Dann muss die Veraschung abgeschlossen sein.

Aussaattage November 2024

Dat.	☾ v. Sternb.	Konstellat.		Element ☾	Fruchtorganimpuls durch ☾ oder Planeten	Neigung
1. Fr	♎ 14	☉–♎	●14	Er/Li	Wurzel - 13, ab 14 Blatt	
2. Sa	♎		▲	Licht	Blatt - 5, ab 6 Blüte	
45. Woche						
3. So	♏ 2			Li/Wa	Blüte - 1, ab 2 Blatt	
4. Mo	♏		▲	Wasser	Blatt - 12, 13 - 22 Blüte, ab 23 Blatt	
5. Di	♐ 14	◡18		Wa/Wä	Blatt - 13, ab 14 Frucht #Pflanzzeit Ende 17	
6. Mi	♐			Wärme	Frucht	V St
7. Do	♑ 22			Wä/Er	Frucht - 21, ab 22 Wurzel	St
8. Fr	♑			Erde	Wurzel	
9. Sa	♑			Erde	Wurzel - 23	K V E
46. Woche						
10. So	♒ 0			Er/Li	Blüte 0 - 24	
11. Mo	♓ 18	♄●		Li/Wa	---- 6 - 17 Blüte, 18 - 24 Blatt	
12. Di	♓	♆●	☊17	Wasser	---- 6 - 12 Blatt -------- ab 21 Blatt	K St
13. Mi	♓			Wasser	Blatt - 23	ɥ
14. Do	♈ 8		Pg12	Wa/Wä	--------------------	V
15. Fr	♉ 22		○22	Wä/Er	1 - 21 Frucht, ab 22 Wurzel	
16. Sa	♉			Erde	Wurzel	
47. Woche						
17. So	♉			Erde	Wurzel	St
18. Mo	♊ 10	⌒11		Er/Li	Wurzel - 9, ab 10 Blüte *Pflanzzeit Beginn 12	
19. Di	♊			Licht	Blüte	
20. Mi	♋ 11	☉ – ♏		Li/Wa	Blüte - 10, ab 11 Blatt	
21. Do	♋			Wasser	Blatt	
22. Fr	♌ 3			Wa/Wä	Blatt - 2, ab 3 Frucht	
23. Sa	♌			Wärme	Frucht	
48. Woche						
24. So	♌			Wärme	Frucht - 23	K E
25. Mo	♍ 0	☋23		Wä/Er	0 - 18 Wurzel ---------	
26. Di	♍	Ag13		Erde	--- 4 - 16 Ag Blüte, 17 - 20 Wurzel, ab 21 Blatt	
27. Mi	♍		▲	Erde	Blatt - 12, ab 13 Wurzel	K ɥ
28. Do	♎ 21			Er/Li	Wurzel - 20, ab 21 Blüte	
29. Fr	♎			Licht	Blüte	
30. Sa	♏ 9			Li/Wa	Blüte - 8, 9 - 22 Blatt -----	

Pflanzzeit

Die Tierkreissymbole beziehen sich auf die sichtbaren astronomischen Sternbilder, nicht auf die astrologischen Sternzeichen (siehe S. 13)

Merkur	Venus	Mars	Jupiter	Saturn	Uranus	Neptun	Pluto
♎	♏	♋	♉R	♒R	♉R	♓R	♑
1. ♏	10. ♐			15. ♒			
26. ♏R							

Notizen:

1.
2.
3.
4.
5.
6.
7.
8.
9.
10.
11.
12.
13.
14.
15.
16.
17.
18.
19.
20.
21.
22.
23.
24.
25.
26.
27.
28.
29.
30.

Monatsbetrachtung November 2024

Der November bleibt vorerst feuchter. Merkur und Mars tragen den Monat über in Skorpion und Krebs dazu bei. Ebenso die Venus, bevor sie am 10.11. in den wärmenden Schützen wechselt.

Pflanzzeit: 1.11., 0 Uhr bis 5.11., 17 Uhr und ab 18.11., 12 Uhr

Pflanzzeit südliche Erde: 5.11., 19 Uhr bis 18.11., 10 Uhr.

Die Blütentage in der Pflanzzeit eignen sich vorzüglich, um alle **Blumenzwiebeln** zu stecken. Sie lohnen es mit gutem Wachstum und kraftvollen Blütenfarben. Die restlichen Blütentage sollten nur als Ersatz betrachtet werden, denn diese Zwiebeln werden nicht die erwünschte Blühfreudigkeit hervorbringen.

Wenn es nicht schon im Oktober geschehen ist, sollte man alle organischen Abfälle sammeln und **Komposte** aufsetzen. Das Präparieren mit den biologisch-dynamischen Kompostpräparaten bringt eine schnelle Verpilzung und gute Umsetzungen. Auch die Anwendung des Fladenpräparates fördert die Rotteentwicklung. Jetzt können auch **Obst- und Waldbäumchen**, mit zusätzlicher Spritzung des Hornmist- oder Grubenpräparates (8), in der Pflanzzeit gesetzt werden.

Der Schnitt der Zweige für **Advents- und Weihnachtsschmuck:** An den Blütentagen außerhalb der Pflanzzeit

Der Schnitt von **Weihnachtsbäumen** für weite Transporte: an Blütentagen außerhalb der Pflanzzeit.

Stallfliegen: mit Fliegenfänger fangen und am 18.11., 10 Uhr bis 20.11., 10 Uhr im Stall verbrennen.

Für Biodynamiker, Herstellung der vegetabilischen Präparate nach Maria Thun®: 3.11., 4 Uhr bis 24 Uhr **Birke** (Schafgarbe) sowie **Ahorn** (Löwenzahn) schneiden, füllen und aufhängen (Birke) bzw. in die Erde geben (Ahorn). 3.11., 1 Uhr bis 19 Uhr **Eiche** (Eichenrinde), schneiden, füllen und in die Erde geben.17.11., 22 Uhr bis 18.11., 14 Uhr **Lärche** (Kamille) schneiden, füllen und in die Erde geben.

Aussaattage Dezember 2024

Dat.	☾ v. Sternb.	Konstellat.	Element ☾	Fruchtorganimpuls durch ☾ oder Planeten	Neigung
49. Woche					
1. So	♏	☉–♏ ☿☊	Wasser	------------- ●7	St
2. Mo	♐ 20	◡23	Wa/Wä	----- 11 - 19 Bla, ab 20 Fru #Pflanzz Ende 22	St
3. Di	♐		Wärme	Frucht	
4. Mi	♐		Wärme	Frucht	St
5. Do	♑ 4		Wä/Er	Frucht - 3, ab 4 Wurzel	V St
6. Fr	♑		Erde	Wurzel	St
7. Sa	♒ 6		Er/Li	Wurzel - 5, ab 6 Blüte	V St
50. Woche					
8. So	♒	♄☌	Licht	Blüte - 7 ------ Blüte 13 - 23	
9. Mo	♓ 1	☊21 ♆☌	Li/Wa	Blatt 1 - 7 Blatt ---- 13 - 16 Blatt ----	
10. Di	♓		Wasser	Blatt ab 1	
11. Mi	♈ 17		Wa/Wä	Blatt - 16, ab 17 Frucht	
12. Do	♈	Pg14	Wärme	Frucht - 1 ----------------	St
13. Fr	♉ 9		Wä/Er	--- Frucht 3 - 8, ab 9 Wurzel	St
14. Sa	♉		Erde	Wurzel	
51. Woche					
15. So	♊ 21	○10 ◠21	Er/Li	Wurzel - 20, ab 21 Blüte *Pflanzzeit Beginn 22	
16. Mo	♊		Licht	Blüte	V
17. Di	♋ 21		Li/Wa	Blüte - 20, ab 21 Blatt	E
18. Mi	♋	♂☌	Wasser	Blatt - 7 ------ ab 13 Blatt	E
19. Do	♌ 12		Wa/Wä	Blatt - 11, 12 - 14 Frucht, ab 15 Wurzel	
20. Fr	♌	☉–♐ ▲	Wärme	Wurzel - 6, ab 7 Frucht	St
21. Sa	♌		Wärme	Frucht	ϟ
52. Woche					
22. So	♍ 8		Wä/Er	Frucht - 7, 8 - 19 Wurzel ------	
23. Mo	♍	☋0	Erde	---- Wurzel 4 - 21, ab 22 Ag-Blüte	K
24. Di	♍	Heiliger Abend Ag7	Erde	Ag-Blüte - 10, ab 11 Wurzel	St
25. Mi	♍	Weihnachten	Erde	Wurzel	
26. Do	♎ 5		Er/Li	Wurzel - 4, ab 5 Blüte	E
27. Fr	♏ 17		Li/Wa	Blüte - 16, ab 17 Blatt	St
28. Sa	♏		Wasser	Blatt	V ϟ
53. Woche					
29. So	♍		Wasser	Blatt	
30. Mo	♐ 4	●23 ◡6	Wa/Wä	Blatt - 3, ab 4 Frucht #Pflanzz Ende 5	
31. Di	♐		Wärme	Frucht	

Pflanzzeit

Die Tierkreissymbole beziehen sich auf die sichtbaren astronomischen Sternbilder, nicht auf die astrologischen Sternzeichen (siehe S. 13)

Merkur	Venus	Mars	Jupiter	Saturn	Uranus	Neptun	Pluto
♏R	♐	♋	♉R	♒	♉R	♓R	♑
15. ♏	6. ♑	6. ♋R			25. ♈R	8. ♓	
	31. ♒						

Notizen:

1.
2.
3.
4.
5.
6.
7.
8.
9.
10.
11.
12.
13.
14.
15.
16.
17.
18.
19.
20.
21.
22.
23.
24.
25.
26.
27.
28.
29.
30.
31.

Monatsbetrachtung Dezember 2024

Merkur und Mars bleiben weiterhin vor wässrigen Sternbildern. Ob die Nässe für uns statt Regen Schnee bedeutet, bleibt fraglich, da der Uranus an Weihnachten zurück vor den Widder zieht. Bereits einige Tage nach Monatsbeginn reist die Venus jedoch vor den Steinbock und bringt, gemeinsam mit dem Jupiter vor dem Stier womöglich die Kälte, die wir für Schnee und einen ordentlichen Frost brauchen. Mit dem letzten Tag des Jahres wandert die Venus schließlich vor den lichten Wassermann und schenkt uns hoffentlich ein angenehmen Start in das neue Jahr.

Pflanzzeit: vom 1.12., 0 Uhr bis 2.12., 22 Uhr und 15.12., 22 Uhr bis 30.12., 5 Uhr.

Pflanzzeit südliche Erde: vom 3.12., 0 Uhr bis 15.12., 20 Uhr und ab 30.12., 7 Uhr.

Blatt-Samen-Ernte südl. Erde: an den Blatttagen.

Frucht-Samen-Ernte südl. Erde: 2.12., 20 Uhr bis zum 5.12., 3 Uhr.

Wurzel-Samen-Ernte südl. Erde: 5.12., 4 Uhr bis 7.12., 5 Uhr.

Blüten-Samen-Ernte südl. Erde: An Blütentagen.

------- **Zeiten auslassen**

Diese Zeit bietet sich nochmals zum **Baum- und Heckenschnitt** an. Für Fruchtpflanzen Blüten- und Fruchttage bevorzugen.

Für Biodynamiker, Herstellung der vegetabilischen Präparate nach Maria Thun®: 4.12., 0 Uhr bis 15 Uhr **Ahorn** (Löwenzahn) schneiden, füllen und aufhängen. (8)

Der Schnitt der Zweige für **Advents- und Weihnachtsschmuck und Weihnachtsbaumschnitt** an Blütentagen, dann bringen sie den schönen Duft.

Wir wünschen unseren Leserinnen und Lesern eine gesegnete Advents- und Weihnachtszeit und beste Gesundheit für das neue Jahr 2025.

Roggenbrotherstellung

Weizen, Gerste, Hafer, Mais, Reis und Hirse lassen sich in der Schrot- oder Mehlmahlung gut mit Hefe oder Backferment backen, aber für Roggen muss man andere Methoden anwenden. Ansonsten haben finnische Forscher festgestellt, dass Krebsveranlagungen im Körper bei Roggenbrotgenuss verschwinden können. Ein ausführliches Roggenbrotrezept findet sich in unserer Schrift „Hinweise aus der Konstellationsforschung".(5) Der Roggen benötigt eine Raumtemperatur von +28° C. Wie erstaunt war ich, als mein Brot in Zeiten mit hoher Außentemperatur vom 1. Ansatz an in vier Stunden alle fünf Aufgänge hinter sich brachte. Es ist offensichtlich, dass das Aufgehen des Sauerteiges nicht nur auf das Mehl gut ausgebildeter Körner, sondern vor allem auf die richtige Temperatur zurückzuführen ist.

Pilzbefall an der Pflanze

Der Pilz hat in der Natur die Aufgabe, absterbendes Leben abzubauen. Er tritt bei der Kulturpflanze auf, wenn unreifer Mistkompost oder unverkompostierte tierische Körpersubstanzen wie Horn- und Knochenspäne usw. angewandt, aber auch, wenn die Samen bei ungünstigen Konstellationen geerntet wurden. Nach R. Steiner: „Wenn die Mondenkräfte auf der Erde zu stark werden...".(1) Man kann dann Tee von Ackerschachtelhalm kochen und den Boden damit dort spritzen, wo befallene Pflanzen stehen. Dann wird das Pilzniveau aus der Pflanze in den Boden heruntergeholt, wo es nämlich hingehört.

Zur Gesundung der Pflanze kann man beitragen, wenn man Brennnesseltee auf die Blätter spritzt. Die Assimilation wird gefördert und eine gute Durchsaftung angeregt, dann verschwinden auch die Pilze.

Günstige Erntezeiten für die Präparatepflanzen

Löwenzahnblüten,
deren Blütenmitte noch geschlossen sein muss, morgens an Licht-Blütentagen
Schafgarbenblüten
bei Sonne im Löwen, also Mitte August, an Wärme-Fruchttagen
Kamillenblüten,
kurz vor Johanni, an Licht-Blütentagen. Achtung: Bei zu später Ernte und beginnender Samenbildung sät man mit einem nicht gut gelungenen Präparat Kamille auf die Felder! Somit treten zu leicht Maden in den hohlen Köpfen auf.
Brennnesseln,
als ganze oberirdische Pflanze, beim ersten Blütenansatz an Licht-Blütentagen um Johanni
Baldrianblüten
an Licht-Blütentagen um Johanni
Alle Blüten auf Papier an schattigen Orten trocknen.
Eichenrinde
(Borke, kein Bast!) an Erd-Wurzeltagen

Die Pflege der Bienen

Das Bienenvolk lebt im Korb oder Kasten in Abgeschlossenheit zur Außenwelt. Als zusätzlichen Schutz kleidet es die Behausung mit Propolis aus, um Ungutes vom Volk fernzuhalten. Die direkte Verbindung zur Umwelt wird durch die Flugbienen hergestellt.

Möchte der Imker den Völkern kosmische Kräfte zugute kommen lassen, müsste er bei den Bienen eine ähnliche Situation schaffen, wie sie der Pflanzenbauer bei der Pflege der Pflanzen vornimmt. Er bearbeitet den Boden. Mit der Luft dringen kosmische Kräfte in den Boden ein, die dann von der Pflanze aufgenommen und bis zur nächsten Bodenbearbeitung genutzt werden können.

Der Imker muss die Behausung des Bienenvolkes öffnen und die Propolisschicht unterbrechen. Dadurch entsteht eine Störung, über die die kosmischen Kräfte den Weg in das Bienenvolk finden und bis zur nächsten Kontrolle wirken können. Auf diese Weise kann der Imker ganz gezielt den Bienen kosmische Kräfte vermitteln.

Nun ist es nicht gleichgültig, welche Umkreiskräfte über den Zeitpunkt der durchgeführten Pflegearbeiten impulsiert werden. Hier kann der Imker ganz bewusst eingreifen und die Tage für entsprechende Bearbeitung benutzen, die für die Entwicklung des Volkes und das Eintragen der Nahrungsstoffe für das Volk in dieser Entwicklungsphase von Bedeutung sind. Das Volk lohnt es dem Imker und gibt ihm von den eingetragenen und gut verarbeiteten Substanzen einen Teil des Honigs ab. Die Erd-Wurzeltage können für die Bearbeitung empfohlen werden, wenn die Völker stärker bauen sollen. Die Licht-Blütentagebearbeitung regt die Bruttätigkeit an und unterstützt den Völkeraufbau. Die Wärme-Fruchttagebearbeitung regt den Eifer zum Nektarsammeln an. Die wässrigen Blatttage sind sowohl für die Bearbeitung als auch für die Honigentnahme und das Ausschleudern des Honigs ungeeignet. Tage, die in unseren „Aussaattagen" weggestrichen sind, sollte auch der Imker nicht für die Völkerkontrollen benutzen.

Seit Ende der siebziger Jahre hat sich die Varroamilbe in den meisten europäischen Bienenständen ausgebreitet. Nach mancherlei Veraschungsvergleichen empfehlen wir, die Varroamilben wie bekannt zu veraschen und die verriebene, also eine Stunde lang dynamisierte Asche mit einem Salzstreuer ganz fein in die Wabengassen zu stäuben. Die Herstellung der Asche wie auch die Anwendung bei den Völkern bleibt bei dem kosmischen Termin Sonne und Mond vor Stier.(3)

Die Einfütterung der Bienen

Für die Wintereinfütterung seien Pflanzentees als Zusatz empfohlen, die sich im Hinblick auf die Gesundheit der Völker über viele Jahre bewährt haben. Schafgarbe, Kamille, Löwenzahn und Baldrian benutzt man als Blütendroge und macht einen Aufguss mit kochendem Wasser, nach fünfzehn Minuten absieben. Brennnessel, Ackerschachtelhalm und Eichenrinde kalt ansetzen und aufkochen lassen, nach zehn Minuten absieben und der Futterflüssigkeit zusetzen. Drei Gramm der einzelnen Pflanzendroge und 1/2 Liter des einzelnen Tees reichen für 100 Liter Futterflüssigkeit. Dies ist besonders wichtig in Jahren, die zuletzt Blatttracht brachten (3). Hier soll nochmals auf eine Korrektur hingewiesen werden. In unserem Bienenbuch schreiben wir von 10 g der einzelnen Droge. Das ist nicht richtig! Diese Angabe geht auf eine andere Futtermenge zurück. Wie oben beschrieben sollen es höchstens 3 g sein. Wir bitten um Entschuldigung.

Teeanwendungen Fortsetzung von Seite 7

Für den 24-Stunden-Auszug wird 1 kg Brennnesseln frisch geerntet. Die Brennnesseln dürfen noch nicht in der Samenbildung sein, sie dürfen jedoch bereits blühen. Die Wurzeln werden entfernt. In einem Gefäß aus Holz, Ton oder Emaille werden sie mit 10 Litern kaltem bis handwarmem Wasser übergossen und 24 Stunden in Ruhe stehen gelassen. Anschließend kann das Kraut, wie bei dem Tee, abgesiebt werden und ist so bereit gespritzt zu werden.

Die Brennnesseljauche wird ähnlich dem 24-Stunden-Auszug hergestellt, bleibt jedoch länger stehen. Ein genauer Zeitpunkt für die Reife der Jauche kann nicht angegeben werden, da dies sehr von der Außentemperatur des Gefäß‘ abhängt. Die Blätter der Brennnessel sollten bereits verwest sein, wenn die Jauche gefiltert werden kann, das kann drei Tage oder aber einige Wochen dauern, behalten Sie ihre Jauche also gut im Blick. Der Geruch soll am Ende tierischer Jauche ähneln.
Brennnesseljauche ist ausgesprochen intensiv und hat einen stark treibenden Effekt, weshalb sie weiter verdünnt werden muss. Für eine sehr feine Spritzung direkt auf den Boden kann man auf einen Liter Jauche neun Liter Wasser geben. Das treibt die Pflanzen in ihrem Wachstum an, hat jedoch einen negativen Effekt auf die Lagerfähigkeit, insbesondere auf Wurzelpflanzen. Eine sicherere Anwendung entwickelte Maria Thun in sehr frühen Versuchen, in denen sie auf 40 Liter Wasser lediglich 1/4 Liter Jauche gab und diese Mischung vor der Anwendung für 10 Minuten rührte. In diesem Mischverhältnis kann die Jauche auch direkt gegossen werden. Begießungen auf den Boden oder Spritzungen auf das Blatt sollten gegen Abend oder am frühen Morgen stattfinden.

Zur Versuchsreihe von Maria Thun in Bezug auf die Brennnessel, muss zunächst auf den Unterschied zwischen 24-Stunden-Auszug, Jauche und Tee eingegangen werden.

Der 24-Stunden-Auszug wird in dreimaliger Wiederholung gespritzt und dient der Bekämpfung von Maden- und Raupenbefall. Es handelt sich dabei um eine einfache Maßnahme, die breite Anwendung finden kann.

Bei der Jauche ist mehr Vorsicht geboten, da sie einen sehr intensiven Effekt hat, der bei falscher oder zu überschwenglicher Anwendung ins Negative kippen kann. Eine wichtige Grundregel ist die dreifache Anwendung; über die sollte nie hinausgegangen werden, da ansonsten Schädlinge angelockt und die Lagerfähigkeit beeinträchtigt werden kann. Neben Pflanzen wie Tomate, Gurke, Spinat und Kohl kann die Jauche jedoch auch, insbesondere bei Rosen, Beerensträuchern und Obstbäumen zu einer besseren Durchsaftung führen und damit die Bekämpfung von Läusen und Pilzen unterstützen.

Brennnesselaufguss

Die Teeanwendungen mit der Brennnessel haben in allen Fällen positive Ergebnisse gezeigt, besonders herausgestochen sind jedoch die Anwendungen an:

- Radieschen (insbesondere der Blattwuchs wurde unterstützt und es bildeten sich vitale, kräftige Blätter)
- Blumenkohl (der Wuchs wurde kräftiger und größer)
- Kohlrabi (die Fruchtkörper waren kräftiger)
- Tomate (die Gesundheit und das Wachstum wurden gefördert und der Vitamin C- und Zuckergehalt steigerten sich)
- Kartoffel (gesunde Pflanzen treten vitaler auf, tritt jedoch Phytophtora (eine Gruppe von Pilzen die unter anderem Kartoffelfäule verursachen) auf, kann eine Teeanwendung sehr helfen. Mehr dazu unter „Andere Teeanwendungen")
- Winterweizen (besonders aufgefallen ist die Regenerationskraft im Nachbau)
- Hafer (Wachstum und Gesundheit wurden gefördert)
- Sommerweizen (der Ertrag wurde allgemein gesteigert)
- Sommerroggen (Gesundheit und Ertragsbildung wurden gesteigert und der Nachbau verlief ausgesprochen schön)

Auch für den Menschen ist die Brennnessel sehr gesund. Sie unterstützt den Körper vehement und kann zum Beispiel als Tee, Saft oder Salat eingenommen werden. Bei Athrose oder rheumatischen Beschwerden ist die Brennnessel lindernd, außerdem wirkt sie entwässernd und ist dadurch empfehlenswert bei Blasenerkrankungen oder Harnwegsentzündungen. Zudem regt die Brennnessel den Appetit an und hilft stillenden Müttern bei der Milchbildung.
Die Brennnessel ist weitläufig trotz allem als ein „Unkraut" bekannt. Zu dem Umgang mit sogenannten Unkräutern und der Anwendung einer Unkrautjauche finden sie später einen kleinen Auszug aus dem inzwischen vergriffenen Buch „Unkraut" von Maria Thun.

Brennnessel nach 7 Tagen (links) und nach 24 Stunden (rechts)

Schafgarbe

Die Schafgarbe (Achillea millefolium) findet man zumeist auf trockenem Boden, auf Wiesen und Weiden, sowie an Berghängen und in Böschungen. Sie blüht weiß, kann jedoch auch bis zu rosane Farbtöne annehmen. Die Blüten bilden sich ab Mai und reichen oft bis in den Oktober.

Die Anwendung

Die Schafgarbe sollte an Blütetagen gepflückt werden, wenn die Sonne scheint. Zu dieser Zeit treten die charakteristischen Öle am besten aus. Sie können dann direkt angewandt, oder, wie auch in der Präperateanwendung, erst getrocknet werden. Für 10 Liter braucht man lediglich 3 Gramm der getrockneten Blüten, in frischem Zustand kann es etwas mehr sein, da die Blüten während der Trocknung einiges an Eigengewicht verlieren. Die Schafgarbe wird zunächst mit kochendem Wasser aufgegossen und zieht darin für 15 Minuten. Anschließend wird sie mit einem sehr feinen Sieb oder einem Tuch abgesiebt. Der Tee kann nun gespritzt werden. 10 Liter reichen für etwa 1/4 Hektar.

Kamille, Löwenzahn und Baldrian werden auf die gleiche Weise zu Tee verarbeitet.

Der Schafgarbentee ist in Maria Thuns Versuchsreihe aus den 1990ern positiv aufgetreten. Besonders aufgefallen ist die positive Wirkung der Teeanwendung bei Kresse, Salat, Kohlrabi, Winterweizen, Hafer, Sommerweizen und Sommerroggen. Auch die Anwendung an Kartoffeln war beispielhaft, eine Erklärung dazu finden Sie unter „Andere Teeanwendungen".

Bis auf die Wurzel, kommt die gesamte Pflanze medizinisch zum Einsatz. Sie wird unter Anderem bei Menstruationsbeschwerden genutzt, unterstützt den Blutkreislauf und eignet sich aufgrund ihrer blutstillenden Wirkung zur Wundbehandlung. Die Einnahme ist klassisch als Tee sehr simpel, man kann aus ihr aber auch Salben machen. Ihren lateinischen Namen, Achillea, hat die Pflanze noch aus Homers Ilias, in der Achilles mit der Pflanze seine Wunde versorgt.

Eichenrinde

Kamille

Die Kamille (Matricaria chamomilla) ist in ganz Europa und Nordasien verbreitet. Sie wächst meist an Wegrändern und hat keinen hohen Anspruch an ihren Standort. Sie blüht zwischen Mai und Oktober.

Die Anwendung

Kamillentee wird auf die gleiche Weise zubereitet, wie Schafgarbentee. Daher hier nur noch einmal der kurze Abriss: Sie wird an Blütetagen geerntet, 3 Gramm trockene Blüte wird mit 10 Litern kochendem Wasser aufgegossen, zieht darin 15 Minuten, wird abgesiebt und kann anschließend auf etwa 1/4 Hektar gespritzt werden.

In Maria Thuns Versuchsreihe fiel die Kamillenteebehandlung insbesondere bei der Knollen- und Samenbildung der Radieschen positiv aus.

Die Kamille ist eine altbewährte Heilpflanze und vor allem für ihre entzündungshemmende und antibakterielle Wirkung bekannt. Dadurch ist Kamillentee zum Beispiel nach einer Zahnbehandlung eine große Unterstützung für Ihren Körper. In Salben wird sie jedoch auch zur Wundheilung genutzt und hat noch weitere, sehr nützliche Eigenschaften.

Löwenzahn

Der Löwenzahn (Taraxacum officinale, L.) ist fast auf der gesamten nördlichen Halbkugel verbreitet und wird weiträumig als Unkraut abgetan. Er fühlt sich besonders an Berghängen wohl, gedeiht gut in trockenem Boden und quetscht sich zur Not auch durch Teer und Geröll. Die ersten Blüten des Löwenzahn zeichnen sich meist gegen Ende April, spätestens im Juni sind jedoch die Samen gebildet und fliegen an kleinen Schirmchen durch die Luft.

Die Anwendung

Löwenzahntee wird auf die gleiche Weise zubereitet, wie Schafgarbentee. Daher hier nur noch einmal der kurze Abriss: der Löwenzahn wird an Blütetagen geerntet, die Blüten sollten fast ganz geöffnet sein. 3 Gramm trockene Blüte wird mit 10 Litern kochendem Wasser aufgegossen, zieht darin 15 Minuten, wird abgesiebt und kann anschließend auf etwa 1/4 Hektar gespritzt werden.

In Maria Thuns Versuchsreihe fiel die Löwenzahnteebehandlung insbesondere bei der Tomate positiv aus. Das Aroma wurde verfeinert und der Zuckergehalt stieg an. Außerdem positiv aufgefallen ist der Löwenzahn in Versuchen mit Kohlrabi, Winterweizen, Sommerweizen, Hafer und Sommerroggen.

Löwenzahn bietet sich als leckerer Wildsalat sehr an. Als Tee regt er auch die Fettverbrennung an und unterstützt Niere und Leber in ihren Funktionen.

Baldrian

Der Baldrian (Valeriana officialis) ist in ganz Europa und einzelnen Teilen Asiens zu finden. Er ist etwas anspruchsvoller was seinen Standort angeht und bevorzugt feuchte Gegenden, wie etwa die Ufer von Bächen und Bergseen. Der Baldrian blüht von Mai bis Juli. Für manche medizinische Praktiken benötigt man die Wurzeln des Baldrians, die wiederrum zwischen August und Oktober, wenn der Baldrian also schon abgeblüht ist, ausgegraben werden.

Die Anwendung

Baldrian wird auf die gleiche Weise zubereitet, wie Schafgarbentee. Daher hier nur noch einmal der kurze Abriss: Er wird an Blütetagen geerntet, 3 Gramm trockene Blüte wird mit 10 Litern kochendem Wasser aufgegossen, zieht darin 15 Minuten, wird abgesiebt und kann anschließend auf etwa 1/4 Hektar gespritzt werden.

Die besten Ergebnisse von der Baldrianteespritzung zeigten sich bei Salat, Radieschen und Winterweizen. Insbesondere die Knollen- und Samenbildung der Radieschen wurde unterstützt.

Baldrian ist ein weit bekanntes Mittel gegen Schlaflosigkeit, zeigt sich jedoch auch von großem Nutzen im Bekämpfen von Reizüberflutung oder nervösen Störungen. Man kann Baldrian als Tee aufgießen, er kann aber auch zum Beispiel als Saft zu sich genommen werden.

Eichenrinde

Die Eiche (Quercus) ist weit verbreitet, in beinahe ganz Europa, Amerika und Teilen von Asien und sogar Afrika zu finden. Sie benötigt viel Licht und bevorzugt mineralhaltigen Boden, ist jedoch vergleichsweise genügsam.

Die Anwendung

Für diesen, wohl außergewöhnlichsten Tee, benötigt man zunächst Eichenrinde, genauer: Borke aus alten Bäumen, vorzugsweise Stiel- oder Traubeneiche. Diese Rinde wird zerkleinert und anschließend in kaltes Wasser gegeben. Nun muss das Wasser erhitzt werden und 15 Minuten lang kochen, bevor die Rinde aus dem Tee gefiltert werden kann. Auf 10 g Rinde gebe man 10 Liter Wasser. Anschließend kann der Tee gespritzt werden, auch hier reichen die 10 Liter für etwa 1/4 Hektar Land.

Die Eichenrinde zeigte sich in fast allen Versuchen sehr positiv. Besonders ins Auge gefallen ist die Wirkung auf Radieschen, Salat und Blumenkohl.

Die Eiche ist weniger für ihre Heilkraft als für ihr Holz bekannt. Der Tee aus Eichenrinde und Blättern wirkt jedoch auch antiseptisch und kann unter anderem Magenbeschwerden lindern.

Ackerschachtelhalm

Der Ackerschachtelhalm (Equisetum arvense) ist über weite Räume der nördlichen Halbkugel zu finden, jedoch auch in Teilen von Afrika. Zu finden ist er zumeist auf trockenen Böden, an Waldrändern oder Kartoffelfeldern.

Die Anwendung

Zunächst muss der Ackerschatelhalm geerntet und ähnlich zubereitet werden, wie die vorangenannten Blütendrogen. Auch von ihm werden auf 10 Liter Wasser lediglich 3 g der Pflanze benötigt, die jedoch in kaltes Wasser gegeben und anschließend über 15 Minuten gekocht wird. Nach dem aussieben des Ackerschachtelhalms können die 10 Liter nun wie üblich auf etwa 1/4 Hektar Land gespritzt werden.

In der entsprechenden Versuchsreihe beeindruckte der Schachtelhalmtee in erster Linie bei Kresse und Winterweizen. Im Fall des Winterweizens fiel vor allem die Regenerationskraft der Pflanzen im Nachbau auf.

Andere Teeanwendungen

Die Versuchsreihe in den 90ern hat die Teeanwendungen als Unterstützung der Pflanze ins Auge gefasst, es gibt jedoch noch einige weitere Anwendungsarten, spezifisch im Umgang mit Schädlingen.

Phytophtora (eine Gruppe von Pilzen die auch Kartoffelfäule verursachen) kann wirksam mit Hilfe von Teeanwendungen aus Schafgarbe, Kamille, Löwenzahn und Brennnessel behandelt werden. Nachdem sich das zweite Blattpaar der Kartoffelpflanze gebildet hat, kann abends an einem Blatttag die erste Spritzung von Brennnesseltee durchgeführt werden. Anschließend werden im Abstand von jeweils etwa neun Tagen, morgens an Wurzeltagen, Tees in dieser Reihenfolge gespritzt: Schafgarbe, Kamille, Löwenzahn und Brennnessel.

Hummel auf Löwenzahnblüte

Weitere Teeanwendungen bei tierischen Schädlingen

aus „Hinweise aus der Konstellationsforschung“

Maria Thun

Gelingt es uns, mit den Lebensgewohnheiten der sogenannten Schädlinge vertraut zu werden, finden wir oft schon durch Fehler, die wir gemacht haben, eine Möglichkeit, eine Regulierung herbeizuführen durch geringe Änderungen unserer Arbeitsmethoden.

Der Kohlgallrüßler; ein kleiner braunschwarzer Käfer, fliegt, wenn Sonne und Mond im Stier stehen, Beete mit Spätkohlpflanzen, die aber noch zu dicht auf dem Saatbeet stehen, an. Die einzelne Pflanze hat nicht genügend Lebensraum. Er sticht am Wurzelhals an und legt sein Ei hinein. Die Pflanze schafft dann dem sich entwickelnden Embryo eine Hülle, damit er sich entwickeln kann. Öffnen wir diese Hülle, auch Galle genannt, dann liegt darinnen eine kleine Larve, ein Zwischenglied der Käferentwicklung. Sie geht ein, wenn Luft herankommt. Sind die Pflanzen am endgültigen Standort und haben genügend Lebensraum, interessiert sich der Gallrüßler nicht mehr für sie. Nun kann man natürlich an den genannten Tagen die Saatbeete abdecken, so daß der Rüßler nicht heran kann.

Anders die Kohlfliege. Sie legt ihre Eier ebenfalls am Wurzelhals ab. Die Maden fressen die zarte Kambiumschicht am unteren Stengel und an den Wurzeln ab, die Pflanze geht dann ein. Die Kohlfliege fliegt zur Eiablage an, wenn Sonne und Mond vor der Region Widder stehen, also bei dem Frühkohl.

Pflanzen, die auf dem Saatbeet stehen, sind nicht gefährdet, sondern solche, die auf den endgültigen Standort gebracht sind, aber dabei zu tief gepflanzt wurden. Ein kleines Stück des Stengels, das vorher am Licht war, ist in die Dunkelheit der Erde gekommen und gibt jetzt dort die günstige Grundlage für die Embryonalentwicklung der Fliege ab. Achtet man also bei dem Pflanzen des Frühkohls darauf, daß er nicht zu tief eingedrückt wird, wird die Fliege nicht zur Eiablage kommen.

Erkennt man den Befall früh genug – die Blätter werden dann in der Mittagszeit welk –, so kann man mit dreimaliger Behandlung mit Wermuttee (10 g Droge auf 10 Liter Wasser, etwas aufkochen) jeder Pflanze einen EL direkt an den Stamm geben, um die Pflanzen noch zu retten. In gleicher Weise würde man auch bei anderen Schädlingen Abhilfe schaffen können.

Muß man jedoch zu einer direkten Bekämpfung schreiten, kann man nach den Prinzipien Hahnemanns verfahren, das heißt Gleiches mit Gleichem heilen. Rudolf Steiner empfiehlt dann, Schädlinge verwesen (in Wasser verjauchen) zu lassen oder durch das Feuer zu führen und dann die Verwesungs-bzw. Verbrennungsprodukte da auszustreuen, wo der Befall auftritt. Hier einige Beispiele: Bei Werrenplage (Gryllotálpa vulgaris L.) verbrenne man einige eingefangene Tiere bei Sonne vor Stier und Mond vor Skorpion auf Holzfeuer, verreibe die Asche eine Stunde im Mörser oder einer alten Schüssel mit dem Kartoffelstampfer und gebe das Ganze in die Gänge. Man kann aber auch von der auf diese Weise dynamisierten Asche im Dezimalpotenzprinzip eine D8 herstellen und diese dann im Garten und in die Gänge spritzen in dreimaliger Wiederholung. Wichtig ist aber in diesem Fall, daß man ihnen die Brutstätten nicht erhält.

Dies sind nämlich zu trockene Komposthaufen – sie geben der Werre gute Fortpflanzungsmöglichkeiten. Kartoffelkäfer und -larven: Bei Sonne und Mond vor Stier im Holzfeuer verbrannt, Asche eine Stunde verreiben, dann D 8 herstellen und dreimal über die Stauden ausspritzen. Man kann dann niedere Potenzen, z. B. D 4 aufheben und immer bei Mond vor Stier neue D 8 herstellen und auf die Böden spritzen, wo im Folgejahr Kartoffeln wachsen sollen.

Bei Mäuse- und Vogelplage einige Felle, bzw. Balg bei Venus vor Skorpion und Mond vor Stier verbrennen und die Asche ausstreuen.

Bei Schneckenplage sammele man Schnecken, etwa 50 bis 60 Stück, gebe sie in einen Eimer mit Wasser, bei dem man den Deckel fest eindrücken kann.

Der Eimer muß bis zum Rand mit Wasser gefüllt sein, dann gibt man die Schnecken hinein (auf keinen Fall überbrühen). Man setzt das Ganze bei Mond vor Krebs an, läßt es vier Wochen stehen und bei nächstem Mondstand Krebs wird die Jauche dort ausgespritzt, wo die Schnecken Schaden anrichten. Man kann aber auch anders vorgehen. Die Lichtwirkung des Kieselpräparates ist den Schnecken sehr unangenehm. Bei großer Plage setze man dem Kieselpräparat etwa zwanzig Schnecken zu, rühre eine Stunde und spritze das Wasser dann überall fein verdüst auf den Erdboden, wo die Schnecken lästig sind. Das Gleiche sollte man dreimal wiederholen.

Unkrautjauche

aus „Unkraut aus Sicht der Konstellations- und Potenzforschung“

Maria Thun

Unkrautabfälle von kriechenden und rankenden Unkräutern eignen sich nicht für den Komposthaufen. Ranken und Wurzelteile von Hahnenfuß, Quecke, Giersch, Distel, Huflattich, Minzearten und die ganze Pflanze der Vogelmiere eignen sich besser zur Herstellung von Pflanzenjauchen. Dazu stellt man eine Tonne mit Wasser auf und gibt die genannten Pflanzenteile hinein. Jeweils an Blatttagen, die man in unserer kleinen Schrift „Aussaattage" ersehen kann, rührt man die Flüssigkeit kurz um. Sobald die Pflanzenteile im Wasser ganz verwest sind, kann man bei Mondstand Krebs die so entstandene Jauche verspritzen. Man sollte sie dreimal an den Stellen spritzen, von denen die Unkräuter genommen waren. Man kann das Ganze zwei- bis dreimal wiederholen und wird damit erreichen, daß diese lästigen Unkräuter an den so behandelten Flächen verschwinden. Man kann mit der stark verdünnten Jauche aber auch Kohlarten, Gurken und Tomaten gießen und damit eine gute Wachstumsförderung erreichen. Gießt man die Jauche auf den Kompost, verbessert man die Wachstumsqualität.

Ausklang

zum Thema der Blütentees aus „Tausendgulden- und Hellerkräuter“

Maria Thun, 1998

Von der Alchemie der Pflanzen wissen wir heute noch wenig. So war es am Anfang dieses Jahrhunderts ein besonderes Ereignis, als man Stickstoffaktivität im Wurzelbereich der Leguminosen fand.

Vor etwa 25 (inzwischen 45) Jahren fanden wir über chemische Analysen, dass Phacelia, Kornblume und Kornrade mit dem Phosphor umgehen können, Borretsch und Buchweizen mit dem Kalium. Nun machten wir Getreideanbau mit Untersaaten oben erwähnter Pflanzen. Die Getreide brachten daraufhin höhere Erträge und trotzdem hatten wir bei den Bodenanalysen Steigerungen der Stoffe, die durch die Untersaaten aktiviert worden waren.

In der gleichen Zeit fanden wir über Pflanzenanalysen, dass Pflanzen, die bei Merkuroppositionen gesät worden waren, ein Vielfaches an Kupfer enthielten, als die gleichen Pflanzen von anderen Tagen gesät. Pflanzen, die bei Marsoppositionen gesät worden waren, enthielten viel mehr Eisen, als die gleichen Pflanzen von anderen Saattagen.

So denke ich, sind noch viele Fragen über die geheimnisvolle Alchemie der Pflanzen offen, einer Lebenswelt, in der es noch manches zu erforschen gibt, da sie in innigem Zusammenhang mit dem Wirken aus der Sternenwelt steht.

Fingerhut
und
Königskerze

Walter Thun, Fingerhut, Öl auf Holz, 1980, 50 x 75 cm

Walter Thun, Königskerze, Öl auf Holz, 1984, 75 x 99 cm

Fingerhut, Belladonna und Königskerze

Werfen wir zum Abschluss einen Blick auf ein Ihnen womöglich bereits bekanntes Werk von Walter Thun: „Königskerze“ aus 1984.
Dieses Ölgemälde wurde drei Jahre nach „Belladonna“, dem Titelbild dieser Aussaattage, angefertigt und bildet mit dem 1980 entstandenen „Fingerhut“ ein thematisch spannendes Trio. Drei herrliche Vertreter einer Dualität in der Pflanzenwelt: Heil- und Giftpflanzen. Zugegeben gilt die Königskerze als kaum giftig und fast ausschließlich für Tiere gefährlich, die Belladonna (im Volksmund Tollkirsche genannt) und der Fingerhut sind dagegen fast ausschließlich für ihre Gifte bekannt. Heilende Wirkung haben sie in der richtigen Dosierung jedoch alle. Die Königskerze ist ein Segen bei Halsschmerzen und Reizhusten. Der Fingerhut stärkt das Herz und unterstützt dabei, die Herzfrequenz zu regulieren. Die Tollkirsche wird in so breitem Rahmen heilend eingesetzt, dass man sich neben ihrer heilenden Wirkung bei Epilepsie, Asthma und in der Augenheilkunde, kaum zu entscheiden weiß, was man aufzählen soll. Was diese drei Pflanzen des Weiteren verbindet, ist wohl die Darstellung von Walter Thun. Er hatte eine sehr persönliche Verbindung zu diesen Pflanzen. Eine der wenigen Photografien von ihm, die noch immer erhalten sind, stellt ihn mit einem Fingerhut-Strauß dar.
Betrachtet man diese drei Bilder, kommt man nicht umhin, eine verbindende Symmetrie auszumachen. Alle drei sind sehr in sich geschlossen, abgerundet und doch nach oben geöffnet. Sowohl die Königskerze als auch die Belladonna stehen unter einer Sonne, die nicht ganz in den Rahmen passen will, die nach oben ausreißt und dem Bild verweigert, in sich gekehrt zu bleiben. Der Fingerhut wird zwar durch den Baum am oberen Rand eingerahmt, doch ganz will das Bild davon auch nicht gehalten werden. Die Fingerhutpflanzen im Bild selbst reichen über die Rahmung hinaus. Selbst der lichte Himmel im Hintergrund läuft, unterstützt von dem rahmenden Ast, spitz auf ein Ziel zu, das das Bild überschreitet. An der Stelle sei einmal gesagt, dass der Begriff „Rahmung“ hier nicht als tatsächlicher, physischer Rahmen zu begreifen ist. Keins dieser Bilder ist separat eingerahmt, da Walter Thun seine Bilder meist direkt auf Holz und bereits in dem Rahmen, den sie später tragen sollten, gemalt hat.
Doch entfernen wir uns etwas von dem Fingerhut und betrachten die Belladonna und die Königskerze. Walter Thun hat selten Portraits gemalt und wenn er Menschen dargestellt hat, ging es ihm nicht um eine möglichst naturalistische Darstellung. Seine Gesichter sind idealisiert und sollen in erster Linie den Geist auffangen, den er mit seinen Farben wecken will. Das sieht man auch in diesen beiden Abbildungen. Die Gesichter dieser Frauen sind sich sehr ähnlich und abgesehen von der Farbgebung, hätten sie wohl das gleiche Vorbild haben können.

Die Abbildungen auf den Seiten 54 und 55 stehen als Reproduktion in der Größe 40x50 cm zur Verfügung.

Farblich bewegen beide Bilder sich in einem wunderschönen Kontrast. Beide bedienen sich der Farben Lila und Gelbgrün, nutzen diese Farben jedoch unterschiedlich. Wo die Belladonna das Grüngelb nutzt, um einen sanften Kontrast zu schaffen und das zarte Lila etwas hervorzuheben, lässt der lilafarbene Hintergrund die gelben Königskerzen erst richtig leuchten. Das Gelb der Königskerzen ist derart strahlend, dass die Sonne dahinter verblasst. Wie ein helles Feuer aus gelben Blumen flackern die Königskerzen vom Bildgrund gen Himmel. Die Krähen, die sie umringen und mit der Figur im Vordergrund befreundet zu sein scheinen, bilden einen einnehmenden Kreis, um die Blumen. Selbst die Felsen rechts und links kreisen die Blüten weiter ein und unterstützen die Form der Wolken, die den Kreislauf bis um die Sonne zieht. Der Übergang von Erde und Himmel in diesem Bild ist zärtlich aber fließend. Am unteren Bildrand sind alle Farben kräftig und stark, als könne man hinein greifen und sie unter den Fingern spüren. Je näher die Pflanze jedoch der Sonne kommt, umso sanfter und heller wird sie. Die Vögel folgen einem ähnlichen Weg. Die beiden untersten Vögel sind noch sehr deutlich zu erkennen, sie heben sich von ihrem Hintergrund ab und lassen keinen Zweifel zu, dass es sich um tatsächliche Vögel handelt, keine Geister, keine bloßen Erscheinungen. Je näher die Vögel der Sonne jedoch kommen, um so mehr werden sie zu bloßen Formen. Sie verlieren einen Teil ihrer Schärfe und ihrer gemalten, physischen Konkretheit. Als flögen sie langsam in die geistige Welt hinüber, je näher sie der warmen aber freundlichen Sonne kommen, die so sanft scheint, dass selbst die Königskerze sie überstrahlt.
Die Belladonna beschreibt ein ähnliches Phänomen auf eine andere Weise. Der Übergang von einer deutlich erkennbaren zu einer immer sanfteren, geistigen Erscheinung zeigt sich in diesem Bild jedoch nicht von unten nach oben, sondern mit der Tiefe des Bildes. Am tiefsten Punkt, den Hintergrund einnehmend, steht auch hier die sanfte Sonne.

Da wir momentan neben der Arbeit von Maria Thun auch die künstlerische Arbeit von Walter Thun aufarbeiten, den wir selbst nicht mehr kennenlernen durften, würden wir uns sehr über Erzählungen und kleine Brocken Wissens zu ihm und seiner Arbeit freuen. Sowohl zur Zuordnung einiger Bilder, als auch in Hinblick auf die Galerie, welche wir in den nächsten Jahren wiederaufbauen und der Öffentlichkeit zur Verfügung stellen wollen, wäre das eine außerordentlich große und gerne gesehene Hilfe.

Notizen:

Fällzeit für besondere Hölzer 2024

10.01.	Eberesche, Esche, Fichte, Hasel, Mirabellane, Mirabelle, Schwarze Johannisbeere, Tanne, Zeder
12.01.	Ahorn, Apfel, Aprikose, Blutbuche, Eibe, Eiche, Kastanie, Kirsche, Marone, Olive, Pfirsich, Reneklode, Rotbuche, Walnuss
19.01.	Ahorn, Apfel, Aprikose, Blutbuche, Erle, Lärche, Marone, Olive, Pfirsich, Reneklode, Rotbuche, Ulme, Walnuss
28.01.	Aprikose, Erle, Flieder, Lärche, Pappel, Pfirsich, Salweide, Schneeball, Schwarze Johannisbeere, Ulme
29.01.	Ahorn, Apfel, Aprikose, Birke, Birne, Blutbuche, Lärche, Linde, Marone, Mirabellane, Mirabelle, Olive, Pfirsich, Reneklode, Robinie, Rotbuche, Walnuss, Weide
30.01.	Eibe, Eiche, Kastanie, Kirsche, Kirschlorbeer, Marone, Schwarze Johannisbeere
07.02.	Birke, Birne, Flieder, Lärche, Linde, Mirabellane, Mirabelle, Pappel, Robinie, Salweide, Schneeball, Schwarze Johannisbeere, Weide
20.05	Eberesche, Esche, Fichte, Hasel, Mirabellane, Mirabelle, Tanne, Weißdorn, Zeder
25.05.	Birke, Birne, Lärche, Linde, Mirabellane, Mirabelle, Robinie, Weide
03.06.	Ahorn, Apfel, Aprikose, Blutbuche, Marone, Olive, Pfirsich, Reneklode, Rotbuche, Walnuss
26.06	Aprikose, Buche, Erle, Fichte, Hainbuche, Kiefer, Lärche, Palme, Pfirsich, Quitte, Schlehe, Tanne, Thuja, Ulme, Wacholder, Zeder, Zwetschge
02.07.	Aprikose, Erle, Lärche, Magnolie, Pfirsich, Ulme
03.07.	Birke, Birne, Buche, Fichte, Hainbuche, Kiefer, Lärche, Linde, Mirabellane, Mirabelle, Palme, Quitte, Robinie, Schlehe, Tanne, Thuja, Wacholder, Weide, Zeder, Zwetschge
11.07.	Birke, Birne, Buche, Eberesche, Esche, Fichte, Hasel, Hainbuche, Kiefer, Lärche, Linde, Magnolie, Mirabellane, Mirabelle, Palme, Quitte, Robinie, Schlehe, Tanne, Thuja, Wacholder, Weide, Weißdorn, Zeder, Zwetschge
22.07.	Eberesche, Eibe, Eiche, Esche, Fichte, Hasel, Kastanie, Kirsche, Kirschlorbeer, Marone, Mirabellane, Mirabelle, Tanne, Weißdorn, Zeder
27.08.	Birke, Birne, Flieder, Lärche, Linde, Mirabellane, Mirabelle, Pappel, Robinie, Salweide, Schneeball, Schwarze Johannisbeere, Weide
29.08.	Birke, Birne, Lärche, Linde, Mirabellane, Mirabelle, Robinie, Weide
15.09.	Ahorn, Apfel, Aprikose, Birke, Birne, Blutbuche, Lärche, Linde, Marone, Mirabellane, Mirabelle, Olive, Pfirsich, Reneklode, Robinie, Rotbuche, Walnuss
19.09.	Eberesche, Esche, Fichte, Hasel, Mirabellane, Mirabelle, Schwarze Johannisbeere, Tanne, Zeder
22.09.	Eberesche, Esche, Fichte, Hasel, Mirabellane, Mirabelle, Tanne, Weißdorn, Zeder

30.09. Buche, Eibe, Eiche, Fichte, Hainbuche, Kastanie, Kiefer, Kirsche, Marone, Palme, Quitte, Schlehe, Tanne, Thuja, Wacholder, Zeder, Zwetschge

01.11. Aprikose, Erle, Lärche, Magnolie, Pfirsich, Ulme

02.11. Aprikose, Eibe, Eiche, Erle, Kastanie, Kirsche, Lärche, Marone, Pfirsich, Ulme

04.11. Buche, Eberesche, Esche, Fichte, Hainbuche, Hasel, Kiefer, Mirabellane, Mirabelle, Palme, Quitte, Schlehe, Tanne, Thuja, Wacholder, Weißdorn, Zeder, Zwetschge

19.11. Eberesche, Esche, Fichte, Hasel, Mirabellane, Mirabelle, Tanne, Zeder

27.11. Eberesche, Eibe, Eiche, Esche, Fichte, Hasel, Kastanie, Kirsche, Marone, Mirabellane, Mirabelle, Tanne, Zeder

20.12. Ahorn, Apfel, Aprikose, Birke, Birne, Blutbuche, Lärche, Linde, Marone, Mirabellane, Mirabelle, Olive, Pfirsich, Reneklode, Robinie, Rotbuche, Walnuss, Weide

Für Bäume, die nicht genannt sind, eignen sich im November und Dezember die Blütentage, die in der Pflanzzeit liegen.
Auf der südlichen Erdhälfte die Blütentage im absteigenden Mond in den Wintermonaten.

Weidenkätzchen

Zuordnung zu den Fruchtungsgruppen

Blütenpflanzen

Artischocke
Blumenzwiebeln
Blütenziersträucher
Blütenkräuter
Blütenpflanzen
Brokkoli
Rosen
Sonnenblume

Wurzelpflanzen

Kartoffel
Knoblauch
Knollensellerie
Meerrettich
Möhre
Pastinake
Radieschen
Rettich
Rote Bete
Schwarzwurzel
Topinambur
Zwiebel für Knolle

Blattpflanzen

Blattkräuter
Blumenkohl
Chicorée
Chinakohl
Endivien
Feldsalat
Fenchel
Grünkohl
Knollenfenchel
Kohlrabi
Kopfsalat
Lauch
Mangold
Pflücksalat
Porree
Rhabarber
Rosenkohl
Rotkohl
Spargel
Spinat
Stangensellerie
Weißkohl
Zwiebel-Schlotte

Fruchtpflanzen

Aubergine
Buschbohne
Erbse
Feuerbohne
Getreide
Gurke
Kürbis
Linse
Melonen
Mais
Paprika
Soja
Stangenbohne
Tomate
Zucchini
Zuckermais

Literaturhinweise:

(1) Geisteswissenschaftliche Grundlagen zum Gedeihen der Landwirtschaft, Rudolf Steiner GA 327 (Landwirtschaftlicher Kurs)
(2) Über die Bienen, Rudolf Steiner GA 351
(3) Die Biene - Haltung und Pflege, Matthias K. Thun
(4) Unkraut-und Schädlingsregulierung, Maria Thun®
(5) Hinweise aus der Konstellationsforschung, Maria Thun®
(6) Kosmologische und Evolutionsaspekte zum «Landwirtschaftlichen Kurs» Rudolf Steiners, Maria Thun®
(7) Die Sendung Michaels, Rudolf Steiner, 1919, GA 194

- Als Grundlagen der astronomischen Berechnungen dienten allgemein zugängliche Ephemeriden und eigene Erfahrungen aus der Versuchsarbeit.

Literaturempfehlungen:

1.) Geisteswissenschaftliche Grundlagen zum Gedeihen der Landwirtschaft, Rudolf Steiner (Die Grundlagen der biologisch-dynamischen Wirtschaftsweise, GA 327)
2.) Rhythmen der Sterne, Schulz-Vetter, Verlag am Goetheanum, CH-4143 Dornach
3.) Planetenkarte, Institut für Strömungswissenschaften, D-79737 Herrischried
4.) Flensburger Hefte Verlag, nur noch als Online-Handel unter: flensburgerhefte-shop.de
5.) Gartenrundbrief, biologisch-dynamisch, www.gartenrundbrief.de, redaktion@gartenrundbrief.de

Bezugsquellen für die biologisch-dynamischen Spritz- und Kompostpräparate:

CvW KG bio. dyn. Präparatezentrale Co. v. Wistinghausen, Brunnenhof Mäusdorf, Hohe Straße 25 D-74653 Künzelsau, Fon (07940) 2230 Fax (07940) 4911, www.praeparatezentrale.de, brunnenhof@biologisch-dynamisch-bewegt.de

Nachdem Wedig v. Bonin verstorben ist, wurden die Präparateaktivitäten vom Hof Eichwerder eingestellt und von der Steiner GbR, Gneisenaustr.59, D-10961 Berlin, übernommen. www.praeparatekiste.de, info@praeparatekiste.de

Rührfässer für die bio. dyn. Präparate: Arnim von Wistinghausen, D-88690 Mühlhofen, Tel: (07556) 932948 Fax: (07556) 932948 www.ruehrfaesser.de

Die auf den Seiten 63 und 64 angekündigten Schriften können auch direkt bezogen werden von dem:
Aussaattage-Verlag Thun & Thun OHG, Rainfeldstraße 16, D-35216 Biedenkopf, Fax (06461) 4714, e-mail thunverlag@aussaattage.de, ebenso das Abonnement der Aussaattage und Farbreproduktionen der Malereien von Walter Thun.

Im Netz finden sie uns unter: https://thun-verlag.com

Im „Aussaattage-Verlag Thun & Thun OHG“ sind erschienen:

1. „Hinweise aus der Konstellationsforschung für Bauern, Weinbauern, Gärtner und Kleingärtner“ Grundlagenwerk zum Verständnis der Sternenwelt. Die Wirkung kosmischer Konstellationen bei dem Düngeranfall der Tiere, bei Mistrottevergleichen, bei Aussaat-, Hack- und Erntevergleichen und der Weiterverarbeitung zum Nahrungsmittel, bei der Herstellung von Fladenpräparat, Hornmist und Hornkiesel. Detailempfehlungen für den Wein-, den Getreide-, und Gemüsebau, Anbau und Pflege von Kartoffeln, Ölfrüchten, Blütenpflanzen und Gewürzkräutern. Die Pflege der Wiesen und Weiden. Zum Studium der kosmischen Rhythmen geeignet wie auch ihrer Auswirkung auf die Witterung und verschiedene Lebensgebiete.

Erscheint nach Neuauflage

Maria Thun® — ISBN 978-3-928636-09-4

2. „Unkraut- und Schädlingsregulierung aus der Sicht der Konstellations- und Potenzforschung“ Ergebnisse langjähriger Unkrautversuche und daraus resultierende Empfehlungen für die Praxis. Beobachtungen und Erfahrungen mit tierischen Schädlingen sowie Methoden zu ihrer Regulierung. Das Naturreich der Pilze, ihre Pflege und zuweilen notwendige Bekämpfung.

Erscheint nach Neuauflage

Maria Thun® — ISBN 978-3-928636-42-1

3. „Milch und Milchverarbeitung“ aus der Sicht der Konstellationsforschung. Fünfjährige Milchverarbeitungsvergleiche mit der Milch von Bergziegen, Konstellationsempfehlungen und Rezepte für die Herstellung von Butter, verschiedensten Käsesorten und Joghurt. Der Umgang mit Milch und Molke. Neuere Vergleiche mit Milch von Milchschafen. Die Beziehung zu anderen Lebensbereichen.

2. erweiterte Auflage, 64 Seiten

Maria Thun® — ISBN 978-3-928636-00-1

4. „Das Bild der Sterne im Wandel der Zeit“ unter besonderer Berücksichtigung seltener Konstellationen von 1991 bis 1998. Zum besseren Verständnis des Hintergrundwirkens kosmischer Rhythmen und Konstellationen und ihrer Auswirkungen auf verschiedene Lebensbereiche auf der Erde.

Erscheint nach Neuauflage

Maria Thun® — ISBN 978-3-928636-39-1

5. „Die Biene - Haltung und Pflege“ aus der Sicht der Konstellationsforschung. Abwicklung aller Tätigkeiten am Bienenvolk. Berücksichtigung von Beutenart und Material. Die Strohbeute und ihre Herstellung. Verjüngungsmöglichkeiten der Völker. Unterstützung des Bienenlebens und der Bienentätigkeit durch Berücksichtigung kosmischer Rhythmen. Regulierung von Krankheiten auf biologischer Basis.

6. überarbeitete Auflage, 312 Seiten

Matthias K. Thun — ISBN 978-3-928636-61-2

6. „Der Wanderer“ Kunstband mit Bildern von Walter Thun und Erzählungen von Maria Thun

Erscheint nach Neuauflage

Maria Thun® — ISBN 978-3-928636-12-4

7. „Tausendgulden- und Hellerkräuter“. Der 1. Teil enthält Empfehlungen über den Umgang mit Kräutern und Unkräutern bei Unpässlichkeiten. Der 2. Teil befasst sich mit den biologisch-dynamischen Präparatepflanzen. Es wurden aus Schafgarbe, Kamille, Brennnessel, Löwenzahn und anderen Pflanzen Tees hergestellt, die zu Spritzungen bei Kulturpflanzen verwandt wurden und sowohl gesundende Faktoren hervorriefen als auch ertragsteigernde Wirkungen zeigten. Mit Berichten von vier Versuchsjahren.

2. Auflage 175 Seiten

Maria Thun® — ISBN 978-3-928636-62-9

8. „Bäume, Hölzer und Planeten“, das etwas „andere“ Bäumebuch

In diesem Buch werden die Beziehungen von zweiunddreißig Baumarten zu den klassischen Planeten beschrieben, auch deren Hölzer und ihre Verwendung in den verschiedenen Lebensbereichen wie im Handwerk, in der bildenden Kunst und bei dem Instrumentenbau behandelt und Anregungen auf etwa 180 Abbildungen gegeben. Zum besseren Verständnis der Planetenwirksamkeiten wird die Entstehung der Planeten ausführlich anhand der Evolution Rudolf Steiners dargestellt. Auch die vegetabilischen Präparate sind nun mit eingeflossen.

2. erweiterte Auflage, 156 Seiten

Maria Thun®, Matthias K. Thun — ISBN 978-3-928636-48-3

9. „Kosmologische und Evolutionsaspekte zum «Landwirtschaftlichen Kurs» Rudolf Steiners“. Ein Versuch, dem Praktiker die Durchführung der in diesem Kurs gegebenen Anregungen zu erleichtern und verständlicher zu machen.

240 Seiten

Maria Thun® — ISBN 978-3-928636-19-3

Die Abbildungen auf der Seite 54 und 55 sind auch als Reproduktionen, 32x45 cm bzw. 50x40 cm für 15€ erhälltlich.

Aus befreundeten Verlagen:

10. „Der verrostete Ritter“, Richard Volkmann Leander, Bilder von Walter Thun, Märchenbuch

Verlag Urachhaus, 20 Seiten

ISBN 978-3-87838-206-5

11. „Mein Jahr im Garten“, 100 wertvolle Tipps zusammengestellt für den Hobbygärtner

Frankh-Kosmos-Verlag, 118 Seiten

Maria Thun® — ISBN 978-3-440-09880-6

Die Schriften auf S. 63/64 sind über den „Aussaattage-Verlag Thun & Thun OHG“, Rainfeldstrasse 16, D-35216 Biedenkopf, Telefax 06461 4714, e-mail thunverlag@aussaattage.de, wie auch über den Fachhandel erhältlich, siehe auch www.aussaattage.de